DE EDELE KUNST VAN NOT GIVING A F*CK

DE TEGENDRAADSE AANPAK VOOR EEN GOED LEVEN

MARK MANSON

Lev.

Oorspronkelijke titel
The Subtle Art of Not Giving a F*ck

Vertaling
Annoesjka Oostindiër en Henk Popken
Omslagontwerp
Pinta Grafische Producties, naar een ontwerp van M-80 Design
Omslagbeeld
pio3 / Shutterstock
Foto auteur

ISBN 978 94 005 0902 3
NUR 770

Zevende druk, december 2017

Inhoud

HOOFDSTUK 1: Doe geen moeite *7*
De helse vicieuze cirkel *11*
De edele kunst van Not Giving a Fuck *19*
Maar goed, Mark, wat heeft dit boek dan verder nog voor zin? *25*

HOOFDSTUK 2: Geluk is een probleem *29*
De onplezierige waarheden van Panda Helaas *32*
Geluk ontstaat door het oplossen van problemen *36*
Emoties worden overgewaardeerd *39*
Kies je worsteling *41*

HOOFDSTUK 3: Je bent niet speciaal *47*
Alles loopt in het honderd *53*
De tirannie van de uitzonderlijkheid *63*
M-m-m-maar, als ik niet speciaal of uitzonderlijk kan worden, wat heeft het dan allemaal nog voor zin? *66*

HOOFDSTUK 4: De waarde van lijden *69*
De zelfbewustzijn-ui *76*
Problemen van een rockster *81*
Beroerde waarden *87*
Hoe definieer je goede en slechte waarden *91*

Hoofdstuk 5: Je maakt altijd keuzes *95*
De keus *96*
De drogreden van verantwoordelijkheid/schuld *100*
Reageren op een tragedie *106*
Genetica en de kaarten die we krijgen *109*
De comfortabele slachtofferrol *114*
Er is geen 'hoe' *116*

Hoofdstuk 6: Je hebt alles bij het verkeerde eind (maar ik ook) *119*
De architect van je eigen overtuigingen *124*
Kijk uit met wat je gelooft *128*
De risico's van absolute zekerheid *134*
Mansons vermijdingswet *141*
Jezelf om zeep helpen *144*
Hoe word je iets minder zeker van jezelf? *146*

Hoofdstuk 7: Falen is de weg vooruit *153*
De paradox van falen of mislukken *155*
De pijn hoort erbij *159*
Het 'doe iets'-principe *165*

Hoofdstuk 8: Waarom nee leren zeggen zo belangrijk is *171*
Afwijzing maakt het leven beter *177*
Grenzen *179*
Hoe bouw je vertrouwen op *189*
Vrijheid door commitment *194*

Hoofdstuk 9: … en dan ga je dood *199*
Iets wat onszelf overstijgt *204*
De zonnige kant van de dood *210*

Dankwoord *221*

HOOFDSTUK 1

Doe geen moeite

Charles Bukowski was een alcoholist, versierder, chronische gokker, hufter, krent, klaploper en, op zijn slechtste dagen, dichter. Hij is waarschijnlijk de laatste persoon tot wie je je zou wenden voor een levensadvies of die je zou verwachten in een zelfhulpboek.

En dat is nu precies waarom hij de ideale persoon is om mee te beginnen.

Bukowski wilde schrijver worden. Maar decennialang werd zijn werk afgewezen door vrijwel elk tijdschrift, elke krant, elke agent en uitgever bij wie hij aanklopte. Zijn werk was verschrikkelijk, zeiden ze. Grof. Walgelijk. Verderfelijk. En naarmate de stapels afwijzingsbrieven groeiden, zakte hij steeds dieper weg in een in alcohol gedrenkte depressie die hem vrijwel zijn hele leven achtervolgde.

Bukowski had een baan als postsorteerder op een postkantoor. Hij deed dat voor een hongerloontje dat hij voor het grootste deel spendeerde aan drank. En de rest vergokte hij op de renbaan. 's Avonds zat hij in zijn eentje te drinken en ramde er soms een gedicht uit op zijn oude, aftandse typemachine. Vaak werd hij wakker op de grond, na de avond ervoor van zijn stokje te zijn gegaan.

Op deze manier verstreken dertig jaar – in wezen één grote, betekenisloze waas van alcohol, drugs, gokken en prostituees. En toen, op zijn vijftigste, na een leven vol mislukkingen en zelfhaat, kreeg een redacteur van een kleine, onafhankelijke uitgeverij toch ineens belangstelling voor hem. De redacteur kon Bukowski niet veel geld bieden, en ook niet de belofte dat zijn werk zou verkopen. Maar hij vatte een vreemde genegenheid op voor de dronken loser, dus besloot hij hem een kans te gunnen. Het was de eerste echte kans die Bukowski ooit had gekregen en, zo realiseerde hij zich, waarschijnlijk ook de enige die hij ooit zou krijgen. Bukowski schreef de uitgever terug: 'Ik heb de keuze uit twee dingen – op het postkantoor blijven werken en gek worden... of de schrijver uithangen en verhongeren. Ik heb besloten te verhongeren.'

Na het tekenen van het contract schreef Bukowski in drie weken zijn eerste roman. Hij heette simpelweg *Post Office*. In zijn dankwoord schreef hij: 'Opgedragen aan niemand.'

Bukowski zou het uiteindelijk gaan maken als romanschrijver en dichter. Hij publiceerde zes romans en honderden gedichten en er gingen ten slotte 2 miljoen van zijn boeken over de toonbank. Zijn populariteit overtrof alle verwachtingen, zeker die van hemzelf.

Verhalen als die van Bukowski vormen de ziel van ons culturele erfgoed. Bukowski's leven belichaamt de American dream: een man vecht voor wat hij wil, geeft nooit op en maakt uiteindelijk zijn stoutste dromen waar. Het is een film die realiteit wordt. Bij verhalen als die van Bukowski denken we allemaal: zie je wel? Hij gaf niet op. Hij bleef het proberen. Hij bleef in zichzelf geloven. Hij hield ondanks alles vol en maakte er iets van.

Het lijkt daarom raar dat op Bukowski's grafsteen staat: DON'T TRY.

Maar ondanks de successen en de roem was Bukowski toch een loser. Hij wist dat. En zijn succes was niet het gevolg van de vastberaden wil om een winnaar te zijn, maar van het feit dat hij *wíst* dat hij een loser was, dat accepteerde en er vervolgens onomwonden over schreef. Hij probeerde zich nooit anders voor te doen dan hij was. Het geniale van Bukowski's werk lag niet in het overwinnen van ongelooflijke tegenslagen en het zichzelf ontwikkelen tot een literair fenomeen. Het was precies het tegenovergestelde. Het was zijn simpele vermogen om volkomen, onverschrokken eerlijk te zijn over zichzelf – en dan vooral over zijn slechtste eigenschappen – en zijn mislukkingen zonder aarzeling met ons te delen.

Het echte verhaal van Bukowski's succes is dat hij zichzelf als mislukking zag en daar vrede mee had. Bukowski gaf totaal niet om succes. Zelfs nadat hij beroemd was geworden, verscheen hij nog steeds als een soort zwerver op literaire avondjes en beledigde hij zijn toehoorders. Hij misdroeg zich nog steeds in het openbaar en probeerde iedere vrouw die hij tegenkwam in bed te krijgen. Roem en succes maakten hem niet tot een beter mens. En dat hij beroemd en succesvol werd, kwam ook niet doordat hij een beter mens was geworden.

Jezelf verbeteren en succes gaan vaak samen. Maar dat betekent niet per se dat ze hetzelfde zijn.

Onze huidige cultuur is bovenmatig geobsedeerd door onrealistisch positieve verwachtingen. Wees gelukkiger. Wees gezonder. Wees de beste, beter dan de rest. Wees slimmer, sneller, rijker, sexyer, populairder, productiever, maak dat mensen je benijden en bewonderen. Wees perfect en uitzonderlijk en kak nog voor het ontbijt twaalfkaraats goudklompjes uit, waarna je je selfie-klare vrouw en je tweeënhalve kinderen gedag kust. Vlieg vervolgens in je helikopter naar je enorm bevredigende baan, waar je je dag vult met ongelooflijk betekenisvol werk dat zeer waarschijnlijk op een dag de planeet zal redden.

Maar als je even de tijd neemt om erover na te denken, komen de gebruikelijke levensadviezen – al dat positieve en blije zelfhulpgedoe waar we mee worden doodgegooid – in wezen neer op het fixeren op wat je *tekortkomt*. De focus ligt op *wat jij denkt dat jouw persoonlijke tekortkomingen en mislukkingen zijn*, om ze vervolgens nog eens voor je te benadrukken. Je leert over de beste manier om geld te verdienen omdát jij het idee hebt dat je nog niet voldoende geld hebt. Je gaat voor de spiegel staan en herhaalt steeds maar weer dat jij prachtig bent omdát je het idee hebt dat je dat eigenlijk nog niet bent. Je volgt adviezen over dating en relaties op omdát je het gevoel hebt dat je iemand bent van wie niet gehouden kan worden. Je probeert belachelijke visualisatie-oefeningen over succesvoller zijn omdát je het idee hebt dat je nog niet succesvol genoeg bent.

Ironisch genoeg zorgt deze fixatie op het positieve – op wat beter is, superieur – er alleen maar voor dat we alsmaar weer worden herinnerd aan wat we niet zijn, aan wat we missen, aan wat we hadden moeten zijn, maar niet hebben verwezenlijkt. Iemand die echt gelukkig is, gaat tenslotte niet voor een spiegel staan om te herhalen dat ze gelukkig is. Ze ís het gewoon.

Een bekend gezegde in Texas luidt: 'Kleine honden blaffen het hardst.' Een zelfverzekerde man voelt niet de behoefte te bewijzen dat hij zelfverzekerd is. Een rijke vrouw voelt niet de behoefte om anderen ervan te overtuigen dat ze rijk is. Je bent het of je bent het niet. En als je de hele tijd van iets droomt, versterk je steeds weer die onbewuste realiteit: dat je dat níét bent.

Alles en iedereen probeert te doen geloven dat de sleutel tot een goed leven een leukere baan is, of een stoerdere auto, of een leukere vriendin, of een hottub met een opblaasbaar zwembad voor de kinderen. De wereld houdt je constant voor dat het pad naar een beter leven meer, meer, meer is – meer kopen, meer bezitten, meer verdienen, meer seks, meer zíjn. Je wordt voortdurend bestookt met boodschappen dat je allerlei dingen moet willen, overal een fuck om moet geven. Een nieuwe tv: heel belangrijk. Een betere vakantie dan je collega's: heel belangrijk. Die nieuwe tuinset: heel belangrijk. Precies de juiste selfie-stick: heel belangrijk.

Waarom? Nou, omdat een fuck geven om meer spullen vooral goed is voor de handel.

En hoewel er niets mis is met een goed draaiende economie, is het geven van te veel fucks niet goed voor je geestelijke gezondheid. Het maakt dat je je overdreven gaat hechten aan oppervlakkige schijnargumenten, dat je hele leven in het teken komt te staan van het najagen van een illusie van geluk en bevrediging. De sleutel tot een goed leven is niet de obsessie met meer; het is het belang inzien van minder, van wat oprecht is en acuut en belangrijk.

De helse vicieuze cirkel

Je brein heeft een geniepig mechanisme dat, als je het toestaat, je helemaal gek kan maken. Zeg me of dit je vertrouwd voorkomt:

Je wordt zenuwachtig omdat je de confrontatie met iemand in je omgeving moet aangaan. Die spanning verlamt je en je vraagt je af waarom je zo zenuwachtig bent. En vervolgens krijg je de zenuwen omdat je zenuwachtig bent. O nee! Nog meer zenuwen! Snel, waar is de whiskey?

Of stel dat je een probleem hebt met kwaad worden. Je gaat al door het lint bij het meest onzinnige, futiele wissewasje, en je hebt geen idee waarom. En het feit dat je zo makkelijk kwaad wordt, maakt dat je nog kwader wordt. En dan, in je onbenullige woede, besef je dat dit voortdurend kwaad zijn je tot een zwak en akelig iemand maakt, en dat haat je; je haat dat zozeer dat je kwaad wordt op jezelf. En moet je jezelf nu zien: je bent kwaad op jezelf omdat je kwaad wordt over het feit dat je kwaad bent. Om gek van te worden, verdomme.

Of je maakt je zo druk over of je wel steeds het juiste doet, dat je je druk gaat maken over al dat je druk maken. Of je voelt je zo schuldig over elke fout die je maakt dat je je schuldig begint te voelen over hoe schuldig je je voelt. Of je voelt je zo vaak treurig en eenzaam dat het alleen al daaraan denken je nog treuriger en eenzamer maakt.

Welkom bij de helse vicieuze cirkel. Grote kans dat je daar al meerdere keren in verzeild bent geraakt. Misschien dat je er nu, op dit moment in vastzit: 'Mijn god, ik zit voortdurend in die vicieuze cirkel – wat ben ik toch ook een lul. Ik moet ermee ophouden. O shit, ik voel me zo'n lul dat ik mezelf een lul noem. Ik moet ermee ophouden mezelf een lul te noemen. O, fuck! Nu doe ik het weer! Zie je nou wel? Ik ben gewoon een lul! Argh!'

Rustig maar, amigo. Geloof het of niet, maar dit maakt deel uit van de schoonheid van het mens-zijn. Er zijn sowieso maar heel weinig dieren die rationeel kunnen denken, maar wij mensen hebben ook nog eens de luxe dat we in staat zijn gedachten te hebben over onze gedachten. Ik kan dus overwegen om te kijken naar YouTube-filmpjes van Miley Cyrus, om direct daarop te denken wat voor griezel ik eigenlijk ben om die filmpjes te willen zien. Ach, het wonder van het bewustzijn!

Maar goed, het probleem is dus het volgende: dankzij de wonderen van de consumentencultuur en social media met hun hé-kijk-eens-mijn-leven-is-gaver-dan-het-jouwe, heeft onze samenleving een hele generatie mensen voortgebracht die geloven dat het hebben van deze negatieve ervaringen – angst, spanning, schuld, enzovoort – volkomen niet oké is. Ik bedoel, kijk maar eens naar je Facebook-feed. Iedereen lijkt daar een fantastisch leven te hebben. Kijk, deze week zijn er acht mensen getrouwd! En een zestienjarige meid heeft een Ferrari gekregen voor haar verjaardag. En een of andere whizzkid heeft 2 miljard binnengehaald met een app waarmee automatisch je toiletpapier wordt aangevuld als het op is.

Intussen zit jij thuis het gebit van je kat te flossen. En je gaat dan toch onwillekeurig denken dat je leven nog saaier is dan je al dacht.

De helse vicieuze cirkel is een epidemie geworden en veel mensen raken daardoor enorm gestrest, neurotisch en vol van zelfhaat.

Als onze opa zich vroeger beroerd voelde, dacht hij: jeetje, ik voel me vandaag wel heel erg als een koeiendrol. Maar hé, kan gebeuren. En nu maar weer gewoon hooi scheppen.

Maar tegenwoordig? Als je je nu ook maar vijf minuten shit voelt, word je gebombeerd met 350 posts van mensen die *volkomen gelukkig zijn en een fucking goed leven hebben*, en dan krijg je toch sterk het gevoel dat er iets met je aan de hand is.

En het is dat laatste wat de ellende veroorzaakt. We voelen ons slecht over het feit dat we ons slecht voelen. We voelen ons schuldig over het schuldig voelen. We worden kwaad omdat we kwaad worden. We raken gespannen door het feit dat we ons gespannen voelen. *Wat is er toch met me aan de hand?*

En daarom is *not giving a fuck* zo cruciaal. Daarom gaat het de wereld redden. En het gaat die redden door te accepteren dat de wereld een grote puinhoop is en dat dat prima is, want het is altijd al zo geweest en het zal ook altijd zo blijven.

Door er geen fuck om te geven dat je je beroerd voelt, verbreek je de helse vicieuze cirkel. Je zegt tegen jezelf: 'Ik voel me shit, maar wat kan het me schelen?' En dan, alsof je wordt beroerd door een magische toverstaf, houd je op met jezelf te haten omdat je je zo beroerd voelt.

George Orwell zei dat zien wat zich voor je ogen afspeelt een constante worsteling vereist. Nou, de oplossing voor onze stress en zenuwen ligt voor het oprapen en wij zijn zo druk met het kijken naar porno en naar advertenties voor fitnessapparaten die niet werken, ons ondertussen afvragend waarom we niet met een blond stuk in bed liggen, dat we het niet opmerken.

We maken online grappen over *first world problems*, maar we zijn in wezen slachtoffer geworden van ons eigen succes. Stressgerelateerde gezondheidsproblemen, angststoornissen en depressies hebben de afgelopen dertig jaar een hoge vlucht genomen, ondanks het feit dat iedereen inmiddels een flatscreen-tv heeft en zijn boodschappen thuis kan laten bezorgen. Onze crisis is niet langer materieel; hij is existentieel, hij is spiritueel. We hebben zo fucking veel spullen en zoveel mogelijkheden, dat we niet meer weten waar we nog een fuck om moeten geven.

Omdat er tegenwoordig een oneindig aantal dingen is die we kunnen zien of weten, is er ook een oneindig aantal manieren om te ontdekken dat we tekortschieten, dat we niet goed genoeg zijn, dat alles niet zo fantastisch is als zou moeten. En dat vreet aan ons.

Want dit is wat er mis is met al die 'Hoe word ik gelukkig'-shit die de afgelopen paar jaar 8 miljoen keer is gedeeld op Facebook – dit is wat niemand zich realiseert bij al die onzin:

> **Het verlangen naar positievere ervaringen is in wezen een negatieve ervaring. Terwijl daarentegen de acceptatie van een negatieve ervaring in feite juist een positieve ervaring is.**

Een hersenbrekertje, dit. Ik zal je dus een minuut geven om je hersenen uit de knoop te halen en het daarna nog een keer te lezen: *Verlangen naar positieve ervaringen is een negatieve ervaring; het accepteren van negatieve ervaringen is een positieve ervaring.* De filosoof Alan Watts placht hiernaar te verwijzen als 'de wet van de omkering' – de idee dat hoe meer je probeert je alsmaar beter te voelen, hoe minder tevreden je wordt, want iets najagen benadrukt alleen maar het feit dat je dat iets dus ontbeert. Hoe wanhopiger je probeert om rijk te worden, hoe armer en waardelozer je je voelt, ongeacht de hoeveelheid geld die je op dat moment verdient. Hoe wanhopiger je probeert sexy en begeerlijk te zijn, hoe afstotelijker je jezelf gaat vinden, ongeacht je feitelijke lichamelijke voorkomen. Hoe wanhopiger je probeert gelukkig en geliefd te zijn, hoe eenzamer en banger je wordt, ongeacht de mensen die je omringen. Hoe meer je probeert spiritueel verlicht te zijn, hoe egocentrischer en oppervlakkiger je wordt op je weg daarheen.

Het is net als die keer dat ik tripte op lsd en ik het gevoel kreeg dat hoe dichter ik naar een huis toe liep, hoe verder het huis zich van me verwijderde. En ja, ik gebruikte zojuist mijn lsd-hallucinaties om een filosofische uitspraak over geluk te doen. Niet meer en niet minder.

Zoals de existentiële filosoof Albert Camus zei (en volgens mij was hij op dat moment niet aan de lsd): 'Je zult nooit gelukkig worden als je maar blijft zoeken naar waar geluk uit bestaat. Je zult nooit leven als je zoekt naar de betekenis van het leven.'

Of simpeler gesteld:

Doe geen moeite.

Ik weet wat je nu denkt: Mark, allemaal leuk en aardig, maar hoe zit het met die Camaro waar ik al tijden voor spaar? En dat sixpack waar ik honger voor lijd? Ik heb tenslotte flink wat geld betaald voor dat fitnessapparaat! En dat grote huis aan het meer waar ik van droom? Als ik ophoud met daar een fuck om te geven – nou ja, dan bereik ik dus nooit iets. En dat willen we toch niet?

Ik ben heel blij dat je het vraagt.

Is het je ooit opgevallen dat als je je minder zorgen over iets maakt, het juist beter gaat? Is het je opgevallen dat juist de persoon die het minst heeft geïnvesteerd in het succes van iets, uiteindelijk zijn doel verwezenlijkt? Is het je opgevallen dat als je ophoudt met ergens een fuck om te geven, alles op zijn plek lijkt te vallen?

Hoe verklaar je dat?

Het interessante aan de wet van de omkering is dat het niet voor niets 'omkering' heet: er geen fuck om geven, werkt tegendraads. Als het najagen van het positieve negatief is, dan genereert het najagen van het negatieve het positieve. De pijn die je najaagt op de sportschool resulteert in een betere gezondheid en energie. Het zijn de mislukkingen in het zakenleven die leiden tot een beter begrip van wat er nodig is om succesvol te zijn. Open zijn over je onzekerheden geeft je paradoxaal genoeg meer vertrouwen en charisma als je met anderen bent. De pijn van een eerlijke confrontatie genereert vertrouwen en respect in je relaties. Het worstelen met je angsten en zorgen maakt dat je moed en doorzettingsvermogen kweekt.

Ik kan zo nog wel een tijdje doorgaan, maar je begrijpt waar ik heen wil. *Al het waardevolle in het leven wordt verkregen door het overwinnen van de ermee samenhangende negatieve ervaring.* Elke poging om aan het negatieve te ontsnappen, het te vermijden of te onderdrukken of te negeren, werkt alleen maar averechts. Het vermijden van lijden ís een vorm van lijden. Het vermijden van strijd ís een strijd. Het ontkennen van falen ís falen. Verbergen van wat schaamtevol is, ís zelf een vorm van schaamte.

Pijn is een onvermijdelijke draad in het weefsel van het leven en die lostrekken is niet alleen onmogelijk, maar ook destructief: proberen hem eruit te trekken, ontrafelt ook al het andere. Proberen pijn te vermijden wil zeggen dat je te veel met pijn bezig bent. Als je daarentegen in staat bent geen fuck om pijn te geven, word je onstuitbaar.

Ik heb in mijn leven een fuck gegeven om veel dingen. Ik heb ook géén fuck gegeven om veel dingen. En net als de weg die je niet bent ingeslagen, waren het de niet-gegeven fucks die het grote verschil maakten.

Er is een gerede kans dat jij iemand kent in je omgeving die het op een gegeven moment geen fuck meer kon schelen, om vervolgens tot grootse daden te komen. Misschien is er in je eigen leven een moment geweest dat het je gewoon geen fuck kon schelen en je vervolgens tot grote hoogten steeg. Dat ik al na zes weken mijn baan in de financiële wereld opzegde om een internetbedrijf te beginnen, staat behoorlijk hoog op mijn eigen 'het kan me geen fuck schelen'-lijstje. Hetzelfde geldt voor mijn besluit om het grootste deel van mijn bezittingen te verkopen en naar Zuid-Amerika te vertrekken. Spijt? Geen enkele. Ik ging gewoon.

Vooral deze momenten van 'fuckloosheid' zijn de momenten die ons leven definiëren. De grote carrièreswitch; het spontaan je school verlaten om in een rockband te gaan spelen; de beslissing om eindelijk die sukkel van een vriend van je te dumpen, die je er iets te vaak op hebt betrapt jouw slipje te dragen.

Er geen fuck om geven betekent dat je in de confrontatie met de meest angstaanjagende en moeilijke uitdagingen in je leven toch tot actie overgaat.

Hoewel er geen fuck om geven op het eerste gezicht simpel lijkt, betekent het toch een heel nieuwe zak met burrito's in je kontzak. Ik heb geen idee wat deze zin betekent, maar dat kan me geen fuck schelen. Een zak met burrito's klinkt lekker, dus laten we het daar maar op houden.

De meesten van ons worstelen zich door het leven door te veel fucks te geven in situaties die geen fucks verdienen. We geven te veel fucks om de onbeschofte caissière die ons wisselgeld in alleen maar muntjes teruggaf. We geven te veel fucks als een tv-programma dat we graag wilden zien, niet doorgaat. We geven te veel fucks als onze collega's niet informeren naar ons rampzalige weekend.

Ondertussen hebben we de limiet van onze creditcard overschreden, haat onze hond ons en snuift zoonlief coke in de badkamer, en toch worden we woedend vanwege wat muntjes en dat gemiste tv-programma.

Kijk, het werkt namelijk zo. Op een dag zul je sterven. Ik weet dat dit een open deur is, maar ik wil je er toch nog maar even aan herinneren. Jij en iedereen die je kent, zal binnen niet al te lange tijd dood zijn. En in die korte tijdsspanne tussen hier en daar heb je maar een beperkt aantal fucks om te geven. Heel weinig zelfs. En als je maar door blijft gaan met onbewust en naar willekeur om alles en iedereen een fuck te geven – nou, dan word je uiteindelijk zelf genaaid.

Not giving a fuck kun je zien als een edele kunst. En hoewel dit jou misschien belachelijk in de oren klinkt en ik misschien overkom als een idioot, gaat het hier in wezen om leren hoe je je gedachten effectief kunt focussen en je prioriteiten kunt stellen – hoe je uitkiest wat voor jou belangrijk is en wat niet, een en ander gebaseerd op zorgvuldig gewette persoonlijke waarden. Dit is ongelooflijk moeilijk. Het kost je een heel leven aan oefening en discipline om dat te bereiken. En je zult regelmatig in de fout gaan. Maar het is misschien wel de meest waardevolle strijd die je in je leven aan kunt gaan. Het is misschien wel de énige strijd in iemands leven.

Want als je te veel fucks geeft – als je een fuck geeft om iedereen en alles – zul je het gevoel hebben dat je voor eeuwig het recht hebt om te allen tijde tevreden en gelukkig te zijn, dat fucking alles verondersteld wordt precies zo te zijn als jíj het wilt. Dit is ziekelijk. En het zal je levend verslinden. Je zult elke tegenslag als een onrecht zien, elke uitdaging als een mislukking, elk ongemak als een persoonlijke afwijzing, elke onenigheid als verraad. Je zult opgesloten zitten in je eigen onbenullige, schedelgrote hel, verteerd door gevoelens van onrecht en woede, kringetjes rennend in je eigen helse vicieuze cirkel, voortdurend in beweging zonder ooit ergens te komen.

De edele kunst van Not Giving a Fuck

De meeste mensen stellen zich bij nergens ook maar een fuck om geven een soort serene onverschilligheid jegens alles voor, een kalmte die tegen alle stormen is opgewassen. Ze stellen zich een persoon voor die door niets van zijn stuk wordt gebracht en die voor niemand zwicht, en zo iemand willen zij ook zijn.

Er is een naam voor iemand die niets van belang vindt en nergens door geëmotioneerd raakt: een psychopaat. Waarom je je tot psychopaat zou willen ontwikkelen, is me een raadsel.

Dus wat betekent er geen fuck om geven dan wel? Laten we eens kijken naar de drie 'subtiliteiten' die kunnen helpen de zaak te verduidelijken.

Subtiliteit 1: Er geen fuck om geven betekent niet dat je onverschillig bent; het betekent dat je geen moeite hebt met anders zijn.

Laten we wel wezen. Er is absoluut niets bewonderenswaardig of stoers aan onverschilligheid. Onverschillige mensen zijn zwak en bang. Het zijn bankhangers en internettrollen. Onverschillige mensen proberen in feite vaak onverschillig te zijn omdat ze in werkelijkheid veel te veel fucks geven. Ze geven een fuck om wat anderen vinden van hun haar, dus wassen en kammen ze het maar niet. Ze geven een fuck om wat anderen vinden van hun ideeën, dus verschuilen ze zich achter sarcasme en zelfingenomen sneren. Ze zijn bang om mensen dichtbij te laten komen, dus zien ze zichzelf als een speciale, unieke sneeuwvlok die problemen heeft die anderen nooit zullen kunnen begrijpen.

Onverschillige mensen zijn bang voor de wereld en de repercussies van hun eigen keuzes. Dat is de reden dat ze nooit zinvolle keuzes maken. Ze verstoppen zich in een grauwe, emotieloze, zelfgegraven kuil, in zichzelf gekeerd en vol zelfmedelijden, en ze proberen constant afstand te nemen van dat ongelukkige ding dat hun tijd en energie opeist en dat ook wel het leven wordt genoemd.

Want er is één akelige waarheid wat betreft dat leven. Er bestaat niet zoiets als er geen fuck om geven. *Je moet een fuck om iets geven*. Het maakt deel uit van onze biologie altijd om iets te geven en daarom altijd een fuck te geven.

De vraag is dan dus: wáár geven we een fuck om? Wat kiezen we uit om een fuck om te geven? En hoe kunnen we geen fuck geven om wat uiteindelijk niet belangrijk is?

Mijn moeder werd onlangs door een goede vriend van haar voor een flink bedrag opgelicht. Was ik onverschillig geweest dan had ik mijn schouders opgehaald, nog een slokje koffie genomen en een nieuw seizoen van *The Wire* gedownload. Sorry, mam.

Maar in plaats daarvan was ik verontwaardigd. Ik was woest. Ik zei: 'Niks laat maar zitten, mam. We gaan verdomme een advocaat inschakelen en gaan achter die klootzak aan. Waarom? Omdat het me geen fuck kan schelen. Ik zal desnoods het leven van die kerel verwoesten.'

Dit illustreert de eerste subtiliteit van Not Giving a Fuck. Als we zeggen: 'Verdomme, kijk uit, want die Mark Manson geeft nergens ene fuck om', betekent dat niet dat Mark Manson nergens iets om geeft; integendeel, we bedoelen dat Mark Manson niet geeft om tegenslag op weg naar zijn doel, dat het hem niet kan schelen dat hij sommige mensen afzeikt bij het doen van wat hij als juist of belangrijk of nobel ziet. We bedoelen dat Mark Manson het soort kerel is dat over zichzelf in de derde persoon schrijft als hij vindt dat dat nodig is. Het kan hem gewoon geen fuck schelen.

Dat is wat zo bewonderenswaardig is. Nee, niet ik, idioot – het overwinnen van tegenslagen, de bereidheid om anders te zijn, een buitenbeentje, een paria, en dat allemaal om aan je eigen normen en waarden te voldoen. De bereidheid om mislukking recht in de ogen te kijken en je middelvinger ernaar op te steken. De mensen die geen fuck geven om tegenslagen of falen of jezelf voor schut zetten of het af en toe goed verkloten. De mensen die er alleen maar om lachen en vervolgens gewoon doen waar ze in geloven. Omdat ze weten dat dat het juiste is. Ze weten dat het hun eigen belang overstijgt, dat het belangrijker is dan hun eigen gevoelens en hun eigen trots en hun eigen ego. Ze zeggen geen 'fuck it' tegen alles in het leven, maar tegen alles wat *onbelangrijk* is in het leven. Ze bewaren hun fucks voor wat er echt toe doet. Vrienden. Familie. Bepaalde doelen. Burrito's. En af en toe een rechtszaak. En daarom, omdat ze hun fucks bewaren voor alleen de echt belangrijke zaken, geven anderen van de weeromstuit een fuck om hen.

Want hier komt nog zo'n akelige waarheid wat betreft het leven: je kunt geen belangrijke en levensveranderende entiteit voor sommige mensen zijn als je niet ook het lachertje en de sta-in-de-weg van anderen bent. Dat lukt gewoon niet. Want er bestaat niet zoiets als het ontbreken van tegenslag. Dat is nu eenmaal onmogelijk. Een oud gezegde luidt dat waar je ook heen gaat, je altijd jezelf meeneemt. Nou, dat geldt dus ook voor tegenslag en mislukking. Waar je ook heen gaat, er ligt altijd een enorme hoop shit op je te wachten. En dat is ook prima. Het gaat er niet om die shit te ontvluchten. Het gaat erom dat je de shit vindt die jij leuk vindt om aan te pakken.

Subtiliteit 2: Om geen fuck te geven om tegenslagen, moet je eerst een fuck geven om iets belangrijkers dan tegenslag.

Stel je voor, je staat in de rij in de supermarkt en je hoort een oudere dame voor je bij de kassa tekeergaan omdat haar tegoedbon van dertig cent niet wordt geaccepteerd. Waarom maakt die dame zich daar zo druk om? Het is maar dertig cent.

Ik zal je zeggen waarom: die vrouw heeft waarschijnlijk niets beters te doen in haar leven dan thuis couponnetjes knippen. Ze is oud en eenzaam. Haar kinderen zijn een stelletje idioten die nooit op bezoek komen. Ze heeft al dertig jaar geen seks meer gehad. Bij elke scheet die ze laat, krimpt ze ineen van de pijn. Ze heeft een armzalig pensioentje en ze zal waarschijnlijk sterven in een luier, denkend dat ze een kleuter is.

Dus knipt ze haar coupons. Dat is alles wat ze heeft. Het is zij en haar verdomde coupons. Het is het enige waar ze een fuck om kan geven, want er is verder niets om een fuck om te geven. En als die pukkelige zeventienjarige puber achter de kassa dan weigert er eentje te accepteren, kun je er vergif op innemen dat oma ontploft. Tachtig jaar aan opgekropte fucks komen er in één keer uit, als een helse hagelbui vol met 'Toen ik jong was' en 'Vroeger was er meer respect'.

Het probleem met mensen die met fucks strooien alsof het pepernoten zijn, is dat ze niets meer hebben wat echt de moeite waard is om hun fucks aan te spenderen.

Als jijzelf ook altijd te veel fucks geeft om triviale shit waar jij je druk om maakt – de nieuwe Facebook-foto van je vroegere vriendje, hoe snel de batterijen van je afstandsbediening opraken, het weer eens mislopen van een afgeprijsde deodorant – is de kans groot dat er in jouw leven weinig gebeurt waar je terecht een fuck om zou moeten geven. En dat is je echte probleem. Niet die deodorant. Niet die afstandsbediening.

Ik hoorde ooit een cabaretier zeggen dat als een persoon geen problemen heeft, het brein dan automatisch een manier vindt om er eentje te verzinnen. Ik denk dat wat de meeste mensen – met name hoogopgeleide blanken uit de gegoede middenklasse – als 'levensproblemen' zien, vooral voortkomt uit het feit dat ze niets belangrijkers hebben om zich zorgen over te maken.

Het vinden van iets belangrijks en zinvols in je leven is dan misschien ook wel de meest productieve manier om je tijd en energie te gebruiken. Want als je dat zinvolle iets niet vindt, zullen je fucks worden gegeven aan betekenisloze en triviale zaken.

Subtiliteit 3: Of je het beseft of niet, je maakt altijd keuzes over waar je een fuck om moet geven.

Mensen zijn van nature niet geneigd tot er geen fuck om geven. We zijn juist geneigd om veel te véél fucks te geven. Je hebt toch ook weleens een kind hartverscheurend zien huilen omdat zijn muts net de verkeerde kleur blauw had? Dat bedoel ik. Fuck dat kind.

Als we jong zijn, is alles nieuw en opwindend en lijkt alles enorm belangrijk. We geven daarom tonnen fucks. We geven een fuck om alles en iedereen – om wat anderen over ons zeggen, of die leuke jongen of dat leuke meisje ons al dan niet heeft teruggebeld, of we wel de juiste sokken aanhebben, om de kleur van de ballonnen op onze verjaardag.

Als we ouder worden en door ervaring wijs (en de tijd hebben zien verglijden), beginnen we in te zien dat de meeste van dit soort zaken weinig blijvende impact op ons leven hebben. De mensen wier meningen vroeger zoveel voor ons betekenden, zijn niet langer aanwezig in ons leven. Afwijzingen die op het moment zelf pijnlijk waren, hebben eigenlijk best goed uitgepakt. We realiseren ons hoe weinig aandacht mensen schenken aan allerlei oppervlakkige kenmerken van onszelf, en we besluiten daar niet al te obsessief mee bezig te zijn. Volwassen worden betekent dat je hebt geleerd alleen een fuck te geven om wat echt fuckwaardig is. Zoals Bunk Moreland zei tegen zijn collega-rechercheur McNulty in *The Wire*: 'Dat krijg je ervan als je een fuck geeft als het jouw beurt niet was om een fuck te geven.'

En naarmate we ouder worden en de middelbare leeftijd bereiken, gaat er nog iets veranderen. We krijgen minder energie. Onze identiteit vormt zich. We weten wie we zijn en we accepteren onszelf, inclusief bepaalde aspecten die we minder zien zitten.

En dat werkt vreemd genoeg bevrijdend. We hebben niet langer de behoefte om om alles een fuck te geven. Het leven is zoals het is. We accepteren het, met alle tekortkomingen van dien. We beseffen dat wij de kanker niet zullen genezen of naar de maan zullen gaan of aan Jennifer Anistons tieten mogen zitten. En dat is oké. Het leven gaat door. We reserveren ons steeds beperkter aantal fucks nu voor de echt fuckwaardige dingen in ons leven: ons gezin, onze beste vrienden, onze golfswing. En tot onze grote verbazing *is dat ook genoeg*. Deze simplificatie maakt ons echt fucking gelukkig, en dat op een consistente manier. En we beginnen te denken: misschien dat die gestoorde alcoholist Bukowski toch een punt had. *Doe geen moeite.*

Maar goed, Mark, wat heeft dit boek dan verder nog voor zin?

Dit boek zal je helpen een iets duidelijker beeld te krijgen van wat jij verkiest belangrijk te vinden in het leven en van wat jij verkiest onbelangrijk te vinden.

Ik denk dat wij tegenwoordig te maken hebben met een psychologische epidemie, eentje waarbij men zich niet meer realiseert dat het oké is dat dingen soms waardeloos zijn. Ik weet dat dit op het eerste gezicht lijkt te getuigen van intellectuele luiheid, maar ik garandeer je dat dit een kwestie van levensbelang is.

Want als wij geloven dat het niet oké is dat dingen soms waardeloos zijn, gaan we onbewust onszelf de schuld geven.

We gaan het gevoel krijgen dat er iets fundamenteel mis is met ons en dat leidt tot allerlei vormen van overcompensatie, zoals veertig paar schoenen kopen of je slaappil wegspoelen met een flinke bel wodka of een bus vol schoolkinderen neerknallen.

Deze overtuiging dat het niet oké is om af en toe tekort te schieten, is de oorzaak van de helse vicieuze cirkel die onze cultuur steeds meer is gaan domineren.

De idee van er geen fuck om geven is een simpele manier om onze verwachtingen omtrent het leven opnieuw te bezien en te kiezen wat belangrijk is en wat niet. Als je dit vermogen weet te ontwikkelen, bereik je uiteindelijk een soort van 'praktische verlichting'.

Nee, niet die eeuwige gelukzaligheid, dat einde aan alle lijden, niet dat soort vage vorm van verlicht zijn. Integendeel. Ik zie praktische verlichting als het je kunnen vinden in het feit dat enig lijden nu eenmaal onvermijdelijk is – dat wat je ook doet, het leven bestaat uit mislukkingen, verlies, verdriet en zelfs de dood. Want als je eenmaal al die shit die het leven voor je in petto heeft accepteert (en het leven heeft heel wat shit voor je in petto, geloof me), word je op een soort laagdrempelige, spirituele manier onoverwinnelijk. Want om pijn te overwinnen, moet je nu eenmaal eerst leren hoe je die kunt verdragen.

Dit boek geeft geen fuck om het verlichten van jouw problemen of je pijn. En dat is precies de reden dat je zult beseffen dat het oprecht is. Dit boek is geen gids naar grootsheid – dat kan het ook niet zijn, want grootsheid is slechts een illusie in ons hoofd, een bedachte bestemming die we onszelf verplichten na te jagen, ons eigen psychologische Atlantis.

Dit boek zal juist je pijn maken tot een stuk gereedschap, je trauma tot een kracht en je problemen tot iets minder erge problemen. Dat is echte vooruitgang. Zie het als een gids voor het lijden en hoe je dat op een betere manier kunt doen, zinvoller, met meer compassie en meer deemoed. Het is een boek over lichtvoetig blijven ondanks je zware last, je rustiger voelen onder je grootste angsten, lachen om de tranen die je vergiet.

Dit boek zal je niet leren hoe je iets kunt binnenhalen of bereiken, maar hoe je met verlies omgaat en dingen kunt loslaten. Het zal je leren om je leven onder de loep te nemen en alleen de belangrijkste zaken te koesteren. Het zal je leren je ogen te sluiten en erop te vertrouwen dat je achterover kunt vallen en toch oké zult zijn. Het zal je leren minder fucks te geven. Het zal je leren geen moeite te doen.

HOOFDSTUK 2

Geluk is een probleem

Ongeveer vijfentwintighonderd jaar geleden leefde in een prachtig paleis op uitlopers van de Himalaya in Nepal een koning die op het punt stond een zoon te krijgen. De koning had grootse plannen met deze zoon: hij zou het leven van het kind perfect maken. Het zou het kind aan niets ontbreken – aan elke behoefte, aan elke wens zou te allen tijde worden voldaan.

De koning bouwde hoge muren om het paleis om het prinsje voor de buitenwereld af te schermen. Hij verwende het kind, overlaadde het met eten en cadeautjes en omringde het met bedienden die aan elke gril tegemoetkwamen. En zo groeide het kind op, onwetend van de onvermijdelijke wreedheden van het menselijk bestaan.

De hele jeugd van de prins verliep op deze manier. Maar ondanks de grenzeloze luxe en overdaad ontwikkelde de prins zich toch tot een chagrijnige jonge man. Algauw voelde elke ervaring als leeg en waardeloos. Het probleem was dat wat zijn vader hem ook gaf, het nooit genoeg leek, nooit iets betekende.

Dus op een avond sloop de prins het paleis uit om te zien wat zich buiten die muren bevond. Hij liet zich door een bediende door het dorp rijden en wat hij zag, vervulde hem van afschuw.

Voor het eerst van zijn leven zag de prins menselijk lijden. Hij zag zieke mensen, oude mensen, dakloze mensen, mensen die pijn leden, zelfs mensen die stervende waren.

De prins keerde terug naar het paleis en raakte in een soort existentiële crisis. Hij wist niet hoe hij moest verwerken wat hij had gezien, werd om het minste of geringste emotioneel en klaagde voortdurend. En zoals zo vaak gebeurt bij jonge mannen, bekritiseerde de prins uiteindelijk zijn vader om alles wat zijn vader voor hem had proberen te doen. Het was al die rijkdom, dacht de prins, die tot deze ellende had geleid, die het leven zo betekenisloos had gemaakt. Hij besloot weg te lopen.

Maar de prins leek meer op zijn vader dan hij besefte. Ook hij had grootse ideeën. Hij zou niet zomaar weglopen; hij zou zijn titel, zijn familie en al zijn bezittingen opgeven en op straat gaan leven, als een dier tussen het vuil. Hij zou zichzelf uithongeren, zichzelf martelen en de rest van zijn leven om eten bedelen.

De volgende avond sloop de prins opnieuw het paleis uit, en deze keer voorgoed. Jarenlang leefde hij als een zwerver, een afgedankt, vergeten lid van de samenleving, de hondenpoep die tegen de maatschappelijke ladder zat aangeplakt. En zoals gepland leed de prins op grootse wijze. Hij worstelde zich door ziektes, honger, pijn, eenzaamheid en verval. Hij werd met de dood zelf geconfronteerd, en kreeg vaak niet meer dan één enkele noot per dag te eten.

Zo verstreek een aantal jaren. En toen nog een paar. En toen… gebeurde er niets. De prins begon te merken dat dit leven van lijden niet helemaal aan de verwachtingen voldeed. Het bracht hem niet het inzicht waar hij naar had verlangd. Het onthulde niet een of ander dieper mysterie van de wereld of het ultieme doel van het leven.

De prins ontdekte in feite wat de rest van ons eigenlijk altijd al heeft geweten: dat lijden alleen maar ellende is. En het is ook niet per se betekenisvol. Net als rijk zijn heeft lijden geen meerwaarde als het niet een bepaald doel dient. En al snel kwam de prins tot de conclusie dat zijn grootse idee, net als dat van zijn vader, gewoon een fucking slecht idee was en dat hij misschien maar eens iets anders moest gaan doen.

Totaal in de war knapte de prins zich een beetje op en ging naar de rivier, waar hij een grote boom aantrof. Hij besloot om onder die boom te gaan zitten en pas weer op te staan als hij een nieuw groots idee had verzonnen.

Volgens de legende zat de verwarde prins negenenveertig dagen onder de boom. We zullen niet verder ingaan op de biologische uitvoerbaarheid van het negenenveertig dagen op één plek blijven zitten, maar laten we het erop houden dat de prins in die tijd tot een aantal diepe inzichten kwam.

Een van die inzichten was dat leven op zich al een vorm van lijden is. De rijken lijden vanwege hun rijkdom. De armen lijden vanwege hun armoede. Mensen zonder familie lijden omdat ze geen familie hebben. Mensen die wereldse geneugten nastreven, lijden vanwege die geneugten. Mensen die zich onthouden van wereldse geneugten, lijden vanwege die onthouding.

Dat wil niet zeggen dat alle lijden hetzelfde is. Het ene lijden is beslist pijnlijker dan het andere. Maar lijden doen we uiteindelijk toch allemaal.

Jaren later zou de prins zijn eigen filosofie ontwikkelen en die met de wereld delen, en dit zou zijn eerste en centrale stelling zijn: pijn en verlies zijn onvermijdelijk en we zouden moeten ophouden ons ertegen te verzetten. De prins zou later bekend worden als de Boeddha. En mocht je nog nooit van hem gehoord hebben: hij was nogal een invloedrijk iemand.

Er is een premisse die ten grondslag ligt aan onze aannames en overtuigingen. Die premisse is dat geluk algoritmisch is, dat je er je best voor kunt doen en het kunt verdienen en verkrijgen alsof het een diploma is, of het in elkaar zetten van een heel ingewikkelde legobouwdoos. Als ik X bereik, dan kan ik gelukkig zijn. Als ik eruitzie als Y, dan kan ik gelukkig zijn. Als ik optrek met iemand als Z, kan ik gelukkig zijn.

Deze premisse is echter juist het probleem. Geluk is geen vergelijking die je even moet oplossen. Ontevredenheid en onzekerheid maken een inherent onderdeel uit van de menselijke natuur en zijn, zoals we zullen zien, noodzakelijke componenten bij het creëren van blijvend geluk. De Boeddha benaderde dit vanuit een theologisch en filosofisch perspectief. Ik zal in dit hoofdstuk tot eenzelfde conclusie komen, maar ik benader het vanuit een biologisch perspectief, en aan de hand van pandaberen.

De onplezierige waarheden van Panda Helaas

Mocht ik een superheld creëren, dan zou ik hem Panda Helaas noemen. Hij zou een goedkoop masker dragen en een shirt (met een hoofdletter T erop) dat veel te klein was voor zijn gigantische pandabuik, en zijn superkracht zou zijn dat hij mensen de keiharde waarheid vertelde, een waarheid die ze beslist moesten horen maar niet wilden accepteren.

Hij zou als een soort bijbelverkoper van deur tot deur gaan en aanbellen en dingen zeggen als: ‘Ja, natuurlijk, veel geld verdienen geeft je een goed gevoel, maar je kinderen houden daardoor niet per se méér van je’, of: ‘Als je jezelf afvraagt of je je vrouw wel vertrouwt, dan is dat waarschijnlijk niet het geval', of: 'Wat jij als vriendschap beschouwt, is in wezen niet meer dan jouw voortdurende pogingen om indruk op anderen te maken.' En vervolgens zou hij de bewoner een goede dag wensen en naar het volgende huis drentelen.

Het zou geweldig zijn. En ziek. En treurig. En verheffend. En noodzakelijk. Want de grootste waarheden in het leven zijn tenslotte vaak de meest onplezierige om te horen.

Panda Helaas zou de held zijn die niemand wil, maar die we allemaal nodig hebben. Hij zou de spreekwoordelijke groente zijn voor ons mentale dieet van junkfood. Hij zou ons leven beter maken, hoewel hij ons een slecht gevoel geeft. Hij zou ons sterker maken door ons af te breken, onze toekomst verlichten door ons de duisternis te tonen. Naar hem luisteren zou zijn als kijken naar een film waarin de held aan het eind sterft: hoewel je het verschrikkelijk vindt, ga je toch meer van die film houden, omdat het realistisch overkomt.

En nu we toch bezig zijn, zal ik mijn masker van Panda Helaas opzetten en je nog een onplezierige waarheid voorschotelen:

Wij lijden om de eenvoudige reden dat lijden biologisch nuttig is. Het is een natuurlijke manier om verandering te bewerkstelligen. De evolutie heeft ervoor gezorgd dat we in ons leven altijd een zekere mate van ontevredenheid en onzekerheid kennen, want het is het lichtelijk ontevreden en onzekere schepsel dat het meest zijn best zal doen om te vernieuwen en te overleven. Ons brein zit zo in elkaar dat we ontevreden raken over wat we hebben en dat we alleen tevreden kunnen worden van dingen die we niet hebben. Deze constante ontevredenheid heeft ervoor gezorgd dat onze soort is blijven vechten en streven, bouwen en veroveren. Dus nee, onze eigen pijn en ellende zijn geen defect van de menselijke evolutie; ze vormen juist een noodzakelijk aspect.

Pijn, in al zijn verschijningsvormen, is voor ons lichaam de meest effectieve manier om tot actie te komen. Neem zoiets simpels als je teen stoten. Ik weet niet hoe het met jou zit, maar als ik mijn teen stoot braak ik een aantal vloeken uit waar paus Franciscus van zou gaan huilen. En jij zult waarschijnlijk ook een of ander onschuldig object de schuld geven van je lijden. 'Stomme rottafel,' zeg je. Of misschien ga je zelfs zover dat je vanwege je pijnlijke teen je hele interieurontwerp in twijfel trekt. 'Welke idioot zet daar nu ook een tafel neer?'

Maar ik dwaal af. Die afschuwelijke pijn die het stoten van je teen veroorzaakt en die jij en ik en de paus zo haten, is er niet voor niets. Fysieke pijn is een product van ons zenuwstelsel, een feedbackmechanisme dat ons een idee geeft van onze eigen fysieke proporties – waar we ons wel en niet kunnen begeven en wat we wel en niet kunnen aanraken. Als we die grenzen overschrijden, straft ons zenuwstelsel ons direct, om ervoor te zorgen dat we beter opletten en het nooit meer doen.

En hoezeer we die pijn ook haten, hij is wel nuttig. Pijn leert ons waar we op moeten letten als we jong of onbezorgd zijn. Hij helpt ons in te zien wat goed voor ons is versus wat slecht voor ons is. Hij helpt ons onze eigen beperkingen te begrijpen en er rekening mee te houden. Hij leert ons om verre te blijven van hete kachels en om geen metalen voorwerpen in stopcontacten te steken. Het is daarom niet altijd nuttig om pijn te vermijden en genot te zoeken, want pijn kan op sommige momenten van levensbelang zijn voor ons welzijn.

Maar pijn is niet alleen fysiek. Zoals iedereen weet die de eerste *Star Wars*-prequel heeft moeten uitzitten, zijn wij mensen in staat ook acute psychologische pijn te ervaren. Dus als ik je vertel dat toen mijn eerste vriendinnetje me bedroog en me verliet, dat voelde alsof een ijspriem langzaam door mijn hart werd geboord, dan doe ik dat omdat, nou ja, omdat het zo'n pijn deed dat het inderdaad net zo goed een ijspriem in mijn hart had kunnen zijn.

Net als fysieke pijn is onze psychologische pijn een aanwijzing dat er een bepaald evenwicht is verstoord, dat een bepaalde grens is overschreden. En net als bij onze fysieke pijn is onze psychologische pijn niet altijd per se slecht of zelfs onwenselijk. Het ervaren van emotionele of psychologische pijn kan in sommige gevallen gezond of noodzakelijk zijn. Net zoals het stoten van je teen je leert minder vaak tegen tafels aan te lopen, leert de emotionele pijn van afwijzing of mislukking je hoe je eenzelfde fout in de toekomst kunt vermijden.

En dat is nu precies het gevaar van een samenleving die zich steeds meer afschermt voor de onvermijdelijke ongemakken van het leven: we raken de voordelen kwijt van het ervaren van gezonde doses pijn, en dat scheidt ons af van de realiteit van de wereld om ons heen.

Je kwijlt dan misschien bij het idee van een probleemloos leven vol eeuwig geluk en oneindige compassie, maar terug op aarde gaan de problemen gewoon door. Nee echt, problemen zullen er altijd zijn. Panda Helaas kwam net langs. We dronken een margarita en hij legde het me nog eens uit: problemen verdwijnen verdomme nooit, zei hij – ze worden hooguit beter. Warren Buffett heeft financiële problemen; de dronken zwerver voor de supermarkt heeft financiële problemen. Buffett heeft alleen bétere financiële problemen dan de zwerver. En dat geldt voor alles in het leven.

'Het leven bestaat in wezen uit een eindeloze reeks problemen, Mark,' vertelde de panda me. Hij nam een slokje van zijn cocktail en zette het roze parapluutje weer recht. 'De oplossing voor het ene probleem creëert alleen maar weer een volgend probleem.'

Ik dacht daar even over na en vroeg me toen plotseling af waar die pratende panda verdomme vandaan kwam. En nu we het er toch over hadden: wie had eigenlijk die margarita's gemaakt?

'Hoop niet op een leven zonder problemen,' zei de panda. 'Zoiets bestaat niet. Hoop in plaats daarvan op een leven vol goede problemen.'

En na die woorden dronk hij zijn glas leeg, zette zijn sombrero op en slenterde weg, richting de zonsondergang.

Geluk ontstaat door het oplossen van problemen

Problemen zijn een constante in het leven. Als je een gezondheidsprobleem oplost door lid te worden van een sportschool, creëer je nieuwe problemen. Je moet dan bijvoorbeeld vroeg op om op tijd op de sportschool te zijn, je zweet dertig minuten lang als een bezetene en vervolgens moet je douchen en schone kleren aantrekken om niet als een wandelende stinkbom op kantoor te verschijnen. Als je het probleem dat je niet genoeg tijd met je partner doorbrengt, oplost door de woensdagavond voor jullie tweetjes te reserveren, genereer je nieuwe problemen. Je moet dan voor die woensdagavond iets bedenken wat jullie geen van tweeën haten, je moet ervoor zorgen dat je voldoende geld hebt voor leuke dinertjes, je moet de chemie en de vonk die je volgens jullie bent kwijtgeraakt zien terug te vinden, en je moet een bevredigende manier vinden om seks te hebben in een kleine badkuip met veel te veel bubbels.

Problemen houden nooit op; ze worden slechts ingewisseld en/of verbeterd.

Geluk ontstaat door het oplossen van problemen. Het sleutelwoord hier is 'oplossen'. Als je je problemen vermijdt of geen problemen denkt te hebben, ga je jezelf heel ellendig voelen. Als je denkt problemen te hebben die je niet kunt oplossen, zul je jezelf ook heel ellendig voelen. Het geheim van de chef schuilt in het *oplossen* van de problemen, en vooral niet in het niet hebben van problemen.

Om gelukkig te kunnen zijn, hebben we iets nodig om op te lossen. Geluk is daarom een vorm van actie; het is een activiteit, niet iets wat je passief verwerft, niet iets wat je als bij toverslag ontdekt via een groot artikel in *The Huffington Post* of dankzij een of andere goeroe of leraar. Het valt je niet opeens in de schoot als je eindelijk voldoende geld hebt om die langgekoesterde verbouwing te realiseren. Het ligt niet ergens op je te wachten, in een idee, in een baan – en ook niet in een boek, maar dat terzijde.

Geluk is een constant werk-in-uitvoering, want problemen oplossen is een constant werk-in-uitvoering – de oplossingen voor de problemen van vandaag zullen de basis leggen voor de problemen van morgen, enzovoort. Het ware geluk schuilt in het vinden van de problemen die je leuk vindt om te hebben en leuk vindt om op te lossen.

Soms zijn die problemen simpel: verantwoord eten, naar een nieuwe bestemming reizen, winnen in het nieuwe computerspelletje dat je net hebt gekocht. Op andere momenten zijn die problemen abstract en gecompliceerd: de relatie met je moeder herstellen, een baan vinden waarbij je je goed voelt, betere vriendschappen ontwikkelen.

Wat je problemen ook zijn, het concept is hetzelfde: los de problemen op; voel je gelukkig. Helaas vinden veel mensen het leven niet zo simpel. Dat komt doordat ze de zaak op minstens twee verschillende manieren verkloten:

1. *Ontkenning.* Sommige mensen ontkennen gewoon dat hun problemen bestaan. En omdat ze de werkelijkheid ontkennen, moeten ze die werkelijkheid constant geweld aandoen. Dat geeft ze misschien op korte termijn een goed gevoel, maar het leidt tot een leven vol onzekerheid, neurotisch gedrag en emotionele repressie.
2. *Slachtofferrol.* Sommigen kiezen er liever voor te geloven dat ze niets kunnen doen om hun problemen op te lossen, zelfs als dat in feite wel het geval is. Slachtoffers geven liever anderen de schuld van hun problemen, of ze geven de schuld aan omstandigheden die buiten henzelf liggen. Dat geeft ze misschien op de korte termijn een beter gevoel, maar het leidt tot een leven vol woede, hulpeloosheid en wanhoop.

Mensen ontkennen problemen of geven er anderen de schuld van om de simpele reden dat het makkelijk is en goed voelt, terwijl het oplossen van problemen vaak moeilijk is en slecht voelt. Schuld en ontkenning geven ons een korte oppepper. Het is een manier om tijdelijk aan onze problemen te ontsnappen, en dat geeft ons een korte roes waardoor we ons beter voelen.

Zo'n roes kan zich op vele manieren voordoen. Of hij nu wordt veroorzaakt door een substantie als alcohol, het morele gelijk dat volgt op anderen de schuld geven of de opwinding van een of ander nieuw, riskant avontuur, een roes is een oppervlakkige en onproductieve manier om je leven invulling te geven. De wereld van de zelfhulp is gebaseerd op het uitventen van dergelijke piekervaringen in plaats van op het oplossen van reële problemen. Veel zelfhulpgoeroes leren je nieuwe vormen van ontkenning en zadelen je op met oefeningen die in eerste instantie goed voelen, maar die het onderliggende probleem negeren. Bedenk dat niemand die echt gelukkig is voor een spiegel hoeft te gaan staan om zichzelf te vertellen dat hij of zij gelukkig is.

Een roes genereert ook verslaving. Hoe meer je erop terugvalt om je beter te voelen over de onderliggende problemen, hoe meer je ernaar op zoek gaat. In dit opzicht kan bijna alles verslavend worden, afhankelijk van de motivatie die eraan ten grondslag ligt. We hebben allemaal onze eigen methoden om de pijn van onze problemen te verdoven, en indien beperkt gebruikt is daar ook niets mis mee. Maar hoe langer we vermijden en hoe langer we verdoven, hoe pijnlijker het zal zijn als we uiteindelijk de confrontatie met onze problemen aangaan.

Emoties worden overgewaardeerd

Emoties hebben maar één specifiek doel: ons helpen iets beter te leven en ons voort te planten. Meer is het niet. Het zijn feedbackmechanismes die ons vertellen dat iets ofwel waarschijnlijk oké ofwel waarschijnlijk niet oké is – niets meer en niets minder.

Net zoals de pijn bij het aanraken van een hete kachel je leert die niet meer aan te raken, zo leert het verdriet van eenzaam zijn je om niet opnieuw de dingen te doen die maakten dat je je eenzaam voelde. Emoties zijn niet meer dan biologische signalen bedoeld om je een zetje te geven in de richting van een heilzame verandering.

Het is beslist niet mijn bedoeling om lichtzinnig te doen over je midlifecrisis of over het feit dat je dronken vader je fiets stal toen je acht was, waar je nog steeds niet overheen bent, maar als je je ellendig voelt, komt dat uiteindelijk toch doordat je brein je vertelt dat er een probleem is dat nog niet is aangepakt of opgelost. Negatieve emoties zijn, met andere woorden, een *roep om actie*. Als je ze voelt, is dat omdat je verondersteld wordt iets te doen. Positieve emoties daarentegen zijn een beloning voor het nemen van de juiste actie. Als je ze voelt, lijkt het leven simpel en hoef je er alleen nog maar van te genieten. Maar net als alles verdwijnen die positieve emoties ook weer omdat er onvermijdelijk nieuwe problemen opduiken.

Emoties zijn onderdeel van de balans in ons leven, maar ze zijn niet de hele balans. Dat iets goed voelt, wil nog niet zeggen dat het ook goed *is*. Dat iets slecht voelt, wil nog niet zeggen dat het ook slecht *is*. Emoties zijn slechts signalen, *suggesties* die ons zenuwstelsel ons geeft, geen geboden. We moeten daarom niet altijd onze eigen emoties vertrouwen. Ik denk zelfs dat we er een gewoonte van moeten maken ze in twijfel te trekken.

Veel mensen leren om vanwege allerlei persoonlijke, sociale of culturele redenen hun emoties te onderdrukken – en dan met name negatieve emoties. Helaas betekent het ontkennen van je negatieve emoties ook dat je veel van de feedbackmechanismes ontkent die je helpen je problemen op te lossen. Het gevolg is dat veel van deze geremde individuen hun hele leven moeite hebben met het omgaan met problemen. En als ze geen problemen kunnen oplossen, kunnen ze ook niet gelukkig zijn. Bedenk dat pijn een doel dient.

Daarnaast heb je ook mensen die zich bovenmatig identificeren met hun emoties. Alles is gerechtvaardigd, om geen andere reden dan dat ze het zo *voelden*. 'O, ik heb je voorruit kapotgeslagen, maar ik was ook echt woedend; ik kon er niets aan doen.' Of: 'Ik ben opgehouden met school en naar Alaska vertrokken, want dat voelde gewoon goed.' Besluitvorming gebaseerd op emotionele intuïtie, zonder de hulp van de rede om het binnen de perken te houden, is vrijwel altijd een slechte zaak. Weet je wie hun hele leven op hun emoties baseren? Kinderen van drie. En honden. En weet je wat kinderen van drie en honden ook doen? Op het tapijt schijten.

Een obsessie met en te veel investeren in emoties werkt niet, om de simpele reden dat emoties nooit blijvend zijn. Wat ons vandaag gelukkig maakt, zal dat morgen niet meer doen, want de mens heeft altijd meer nodig. Een fixatie op geluk leidt onvermijdelijk tot een altijd maar najagen van 'iets anders' – een nieuw huis, een nieuwe relatie, nog een kind, nog een keer opslag. En ondanks al ons geworstel voelen we ons uiteindelijk toch akelig hetzelfde als toen we begonnen: inadequaat.

Psychologen verwijzen soms naar dit concept als de 'hedonistische tredmolen': de idee dat we steeds maar ons best doen om ons leven te veranderen, terwijl we ons in wezen nooit heel anders voelen.

Dat is de reden dat onze problemen altijd terugkeren en onvermijdelijk zijn. De persoon met wie je trouwt, is de persoon met wie je ruziemaakt. Het huis dat je koopt, is het huis dat je repareert. De droombaan die je aanneemt, is de baan die je stress bezorgt. Alles komt met een inherente opoffering – dat wat ons een goed gevoel geeft, zal ons ook onvermijdelijk een slecht gevoel geven. Wat we winnen, is ook wat we verliezen. Dat wat onze positieve ervaringen veroorzaakt, zal ook onze negatieve ervaringen definiëren.

Dat is een zware pil. We omarmen het idee dat we een of andere vorm van ultiem geluk kunnen bereiken. We omarmen het idee dat we al ons lijden permanent kunnen verlichten. We omarmen het idee dat we voor altijd bevrediging kunnen vinden.

Maar dat kunnen we niet.

Kies je worsteling

Als ik je vraag 'Wat wil je van het leven?' en jij zegt iets als 'Ik wil gelukkig zijn en een fantastisch gezin en een leuke baan hebben', is jouw antwoord zo algemeen en voor de hand liggend dat het in wezen niets betekent.

Iedereen geniet van wat goed voelt. Iedereen wil een zorgeloos, gelukkig en makkelijk leven, wil verliefd worden en fantastische seks en relaties hebben, wil er perfect uitzien en geld verdienen en populair zijn en alom gerespecteerd en bewonderd worden, en zo beroemd dat mensen als de Rode Zee uiteenwijken als je een kamer binnenkomt.

Dat wil iedereen wel, makkelijk zat.

Een interessantere vraag, een vraag waar de meeste mensen nooit bij stilstaan, is: 'Welke *pijn* wil je in je leven? Waar ben je bereid voor te vechten?' Want dat lijkt veel bepalender voor hoe je leven uiteindelijk uitpakt.

De meeste mensen willen bijvoorbeeld best dat riante kantoor en het bijbehorende riante salaris – maar ze zitten meestal niet te wachten op werkweken van zestig uur, lang forensen, stomvervelend papierwerk en bedenkelijk ellebogenwerk.

De meeste mensen willen fantastische seks en een gedroomde relatie, maar ze vermijden liever de daarvoor noodzakelijke moeilijke gesprekken, ongemakkelijke stiltes, gekwetste gevoelens en het emotionele psychodrama. En dus leggen ze zich maar bij de situatie neer. Ze leggen zich erbij neer en vragen zich jarenlang af 'Wat als?', totdat de vraag 'Wat als?' overgaat in 'Is dit alles?' En als de advocaten weer zijn vertrokken en de alimentatie moet worden opgehoest, zeggen ze 'Waarom, eigenlijk? Waarom heb ik twintig jaar lang van die lage eisen en verwachtingen gesteld?'

Want geluk gaat gepaard met worsteling. Geluk gedijt bij problemen. Vreugde is geen madeliefje of een regenboog die zomaar uit de grond ontspruit. Echte, serieuze, levenslange vervulling en zinvolheid moeten worden verdiend via het uitkiezen van en omgaan met onze worstelingen. Of je nu gebukt gaat onder angsten of eenzaamheid of een dwangneurose of een klootzak van een baas die je leven verpest, de oplossing ligt in de acceptatie van en het actief omgaan met die negatieve ervaring – niet in het vermijden ervan, niet in de verlossing ervan.

Mensen willen een prachtig lichaam. Maar dan moet je wel de pijn en fysieke stress accepteren die nu eenmaal gepaard gaan met al die uren in de sportschool, tenzij je het heerlijk vindt om je met allerlei diëten bezig te houden en daar je leven op af te stemmen.

Mensen willen hun eigen bedrijf starten. Maar je wordt geen succesvolle ondernemer als je niet weet om te gaan met de risico's, de onzekerheid, de herhaalde mislukkingen, de krankzinnige hoeveelheid tijd besteed aan iets wat misschien geen cent oplevert.

Mensen willen een partner, een wederhelft. Maar je zult nooit de persoon van je dromen vinden als je niet de emotionele turbulentie accepteert die gepaard gaat met het verwerken van afwijzingen, het groeien van de seksuele spanning zonder dat die een uitlaatklep krijgt, het staren naar een telefoon die nooit rinkelt. Het maakt deel uit van het amoureuze spel. Als je niet meespeelt, kun je ook niet winnen.

Het is niet 'Waar wil je van genieten?' wat je succes bepaalt. De relevante vraag is: 'Welke pijn ben je bereid te verdragen?' Het pad naar geluk is geplaveid met heel veel shit en schaamte.

Je moet iets kiezen. Een pijnvrij leven is geen optie. Het is niet alleen maar rozengeur en maneschijn. Genot is de makkelijke vraag. En vrijwel iedereen heeft daarop een vergelijkbaar antwoord.

Interessanter is de pijnvraag. Welke pijn wil jij verdragen? Dat is de moeilijke vraag, de vraag die ertoe doet, de vraag die je uiteindelijk verder zal helpen. Het is de vraag die een perspectief, een leven kan veranderen. Het is de vraag die mij mij, en jou jou maakt. Het is wat ons definieert en wat ons van elkaar onderscheidt en wat ons uiteindelijk bij elkaar brengt.

Het grootste deel van mijn jeugd en vroege volwassenheid fantaseerde ik erover om muzikant te zijn – een rockster, met name. Bij elke coole gitaarsolo die ik hoorde, sloot ik mijn ogen en zag ik mezelf op het podium staan, voor een dolenthousiast publiek dat helemaal uit zijn bol ging dankzij mijn snelle vingerwerk. Deze fantasie kon me uren bezighouden. Het was voor mij nooit de vraag óf ik uiteindelijk zou optreden voor een gillend publiek, maar wannéér. Ik zag het al helemaal voor me. Ik wachtte alleen nog op het moment dat ik de juiste hoeveelheid energie en inspanning kon opbrengen om mezelf in de kijker te spelen. Eerst moest ik mijn school afmaken. Daarna moest ik geld bij elkaar zien te krijgen om een instrument te kopen. Vervolgens moest ik genoeg vrije tijd zien te vinden om te oefenen. Daarna moest ik netwerken en mijn eerste project plannen. En daarna... en daarna niets.

Hoewel ik er mijn halve leven over had gefantaseerd, kwam het nooit tot vervulling. En het duurde heel lang en veel geworstel voordat ik eindelijk begreep waarom: *ik wilde het niet echt.*

Ik was verliefd op het resultaat – dat beeld van mij op het podium, al die juichende mensen, ik die mijn ziel en zaligheid stopte in wat ik speelde – maar ik was niet verliefd op het proces. En daarom faalde ik. Steeds weer. Man, ik deed zelfs niet genoeg mijn best om te falen. Ik deed eigenlijk nauwelijks mijn best. De dagelijkse sleur van het oefenen, het vinden van een groep om mee te spelen, de moeite die het kostte om optredens te regelen en mensen zover te krijgen dat ze naar ons toe kwamen en ons ook nog leuk vonden, de gebroken snaren, de opgeblazen versterker, twintig kilo apparatuur van hot naar her slepen zonder auto: het was een berg van een droom en een enorme klim naar de top. En wat ik pas na lange tijd ontdekte, was dat ik klimmen helemaal niet zo leuk vond. Ik wilde me alleen maar de top voorstellen.

In onze cultuur heet het dan algauw dat je tekortschiet; ik was geen doorzetter, een loser, ik had 'het' gewoon niet, ik gaf veel te makkelijk mijn droom op en was mogelijk gezwicht voor de druk van de samenleving.

Maar de waarheid is een stuk minder interessant dan bovenstaande verklaringen. De waarheid is dat ik dacht iets te willen, maar dat ik dat uiteindelijk toch niet bleek te willen. Einde verhaal.

Ik wilde de beloning en niet de worsteling. Ik wilde het resultaat en niet het proces. Ik hield niet van het gevecht, maar van de overwinning.

En zo werkt het leven niet.

Wie jij bent, wordt gedefinieerd door waar je bereid voor bent te vechten. Mensen die *genieten* van het geploeter in een sportschool, zijn degenen die triatlons lopen en sixpacks hebben en een klein huis kunnen bankdrukken. Mensen die *genieten* van lange werkweken en de intriges van het carrière maken zijn degenen die de bovenste trede bereiken. Mensen die *genieten* van de stress en de onzekerheid van het armoedige kunstenaarsbestaan zijn uiteindelijk degenen die het maken als kunstenaar.

Dit gaat niet over wilskracht en doorzettingsvermogen. Dit is niet weer een nieuwe variant op 'geen lusten zonder lasten'. Dit is de meest simpele en basale component van het leven: onze worstelingen bepalen ons succes. Onze problemen baren ons geluk, en daarnaast ook iets betere problemen.

Het is namelijk een nooit eindigende opwaartse spiraal. En

als je denkt dat je op een gegeven moment wel mag stoppen met klimmen, heb je het niet helemaal begrepen, ben ik bang. Want het plezier zit hem in de klim zelf.

HOOFDSTUK 3

Je bent niet speciaal

Ik heb ooit een gast gekend; laten we hem Jimmy noemen. Jimmy had altijd meerdere zakelijke projecten op stapel staan. Als je hem vroeg waar hij mee bezig was, ratelde hij de naam op van een of ander bedrijf waar hij contacten mee had, of hij begon over een veelbelovende medische app waar hij alleen nog even investeerders voor moest vinden, of hij had het over een of ander liefdadigheidsdiner waar hij de belangrijkste spreker zou zijn, of dat hij een idee had voor een efficiëntere brandstofpomp waar hij miljoenen mee zou gaan verdienen. Die gast denderde maar door, en als je hem ook maar even de ruimte gaf, kreeg je een lawine over je heen van hoe grensverleggend zijn werk wel niet was, hoe briljant zijn laatste ideeën waren, en hij strooide met zoveel namen dat je het gevoel kreeg met de verslaggever van een roddelblad te praten.

Jimmy was een en al positiviteit, altijd. Voortdurend zichzelf opzwepend, altijd op zoek naar nieuwe invalshoeken – een echte streber, wat dat dan verdomme ook mag betekenen.

Het probleem was dat Jimmy ook een complete nul was – veel gepraat en weinig wol. Hij was het grootste deel van de tijd stoned en gaf evenveel geld uit in bars en dure restaurants als aan zijn 'zakelijke ideeën'. Jimmy was een geboren profiteur die leefde van het moeizaam verdiende geld van zijn familie, die hij net als iedereen in de stad misleidde met valse ideeën over toekomstige technologische doorbraken. Oké, soms kwam er weleens iets uit zijn handen, of pakte hij de telefoon en belde zomaar een of andere hotemetoot op die hij vervolgens net zo lang met namen bestookte tot hij er geen meer kon verzinnen, maar het leidde nooit echt tot iets. Niet een van die 'ondernemingen' kwam ooit tot bloei.

Toch wist hij dit jaren vol te houden en leefde hij tot bijna zijn dertigste op kosten van vriendinnen en steeds vagere verwanten. En het ergste was nog dat Jimmy zich er goed bij voelde. Hij had een zeer onrealistische mate van zelfvertrouwen. Mensen die hem uitlachten of de telefoon ophingen, misten volgens hem de kans van hun leven. Mensen die hem niet serieus namen, waren 'te onnozel en onervaren' om zijn genialiteit te begrijpen. Mensen die hem wezen op zijn parasitaire manier van leven, waren jaloers; het waren haatdragende types die hem zijn succes niet gunden.

Jimmy verdiende af en toe wel wat geld, maar dan wel op de meest goedkope manier. Hij verkocht bijvoorbeeld andermans ideeën als waren die van hemzelf, of hij troggelde iemand een lening af of, erger nog, hij haalde mensen ertoe over hem een aandeel in hun start-up te geven. Hij wist zelfs af en toe inderdaad mensen zover te krijgen dat ze hem betaalden voor een toespraak. (Waarover is me nog steeds een raadsel.)

Het ergste van alles was dat Jimmy in zijn eigen gelul geloofde. Zijn hersenschim was zo rotsvast, dat je eerlijk gezegd niet eens kwaad op hem kon worden; het wekte eerder verbazing.

Ergens in de jaren zestig werd het ontwikkelen van een 'hoge eigendunk' – positieve gedachten en gevoelens over jezelf hebben – een ware rage in de psychologie. Uit onderzoek bleek dat mensen die hoog van zichzelf opgaven meestal beter presteerden en minder problemen veroorzaakten. Veel onderzoekers en beleidsmakers raakten er daardoor van overtuigd dat het verhogen van de eigendunk van een volk kon leiden tot tastbare sociale voordelen: minder misdaad, betere studieresultaten, minder werklozen, minder begrotingstekorten. Als gevolg daarvan werden aan het begin van het volgende decennium, in de jaren zeventig, cursussen in het verhogen van de eigenwaarde gegeven aan ouders. Ze werden aanbevolen door therapeuten, politici en docenten en uiteindelijk geïnstitutionaliseerd in een onderwijspolitiek. Er werd bijvoorbeeld minder nadruk gelegd op overgaan, om minder presterende kinderen een beter gevoel te geven over hun geringe presteren. Er werden beloningen en neptrofeeën bedacht voor allerlei onbenullige activiteiten. Kinderen kregen onzinnige huiswerkopdrachten, zoals opschrijven waarom zij dachten dat ze speciaal waren, of de vijf dingen die ze het leukst vonden aan zichzelf. Dominees en pastoors hielden hun congregatie voor dat ze in Gods ogen allemaal even uniek en speciaal waren en dat ze waren voorbestemd om uit te blinken en niet om middelmatig te zijn. In allerlei seminars werden diezelfde paradoxale mantra's verkondigd: eenieder van ons kan uitzonderlijk en enorm succesvol zijn.

Maar we zijn inmiddels een generatie verder en wat blijkt: we zijn níét allemaal uitzonderlijk. Het blijkt dat je goed voelen over jezelf eigenlijk niet zoveel wil zeggen, tenzij je *een goede reden* hebt om tevreden te zijn met jezelf. Het blijkt dat tegenslagen en mislukkingen in feite nuttig zijn, en zelfs noodzakelijk voor het ontwikkelen van zelfverzekerde en succesvolle volwassenen. En mensen leren geloven dat ze uitzonderlijk zijn en dat ze hoe dan ook tevreden moeten zijn met zichzelf, blijkt niet te leiden tot een bevolking van louter Bill Gatesen en Martin Luther Kings. Het leidt tot een bevolking vol Jimmy's.

Jimmy, de zogenaamde oprichter van start-ups. Jimmy, die elke dag wiet rookte en geen andere opmerkelijke vaardigheden bezat dan zichzelf ophemelen en daarin te geloven. Jimmy, zo'n gast die tegen zijn zakenpartner schreeuwde dat hij onvolwassen was, om vervolgens de creditcard van het bedrijf te gebruiken om in een sterrenrestaurant indruk te maken op een of ander Russisch fotomodel. Jimmy, die snel uit de tantes en ooms raakte die hem nog wat extra geld konden lenen.

Ja, die zelfverzekerde Jimmy met zijn grote eigendunk. De Jimmy die het zo druk had met praten over hoe goed hij was dat hij vergat om ook echt iets te doen, weet je wel.

Het probleem met dat eigendunkgedoe is dat het eigendunk afmeet aan hoe positief mensen over zichzelf denken. Maar voor een eerlijke en accurate bepaling van iemands eigenwaarde moet je weten hoe mensen denken over de *negatieve* aspecten van zichzelf. Als een persoon als Jimmy zich 99,9 procent van de tijd fucking fantastisch voelt, ondanks het feit dat zijn leven een puinhoop is, hoe kan dat dan een valide meeteenheid zijn voor een succesvol en gelukkig leven?

Jimmy is 'rechthebbende'. Hij heeft het gevoel dat hij recht heeft op het goede zonder dat hij dat echt verdient. Hij vindt dat hij in staat zou moeten zijn om rijk te zijn zonder er iets voor te doen. Hij vindt dat hij aardig gevonden moet worden en goede connecties moet hebben zonder ooit iemand te helpen. Hij vindt dat hem een luxe leventje toekomt zonder dat hij er echt iets voor hoeft op te offeren.

Mensen als Jimmy raken zo gefixeerd op het hebben van een goed gevoel over zichzelf, dat ze erin slagen zichzelf wijs te maken dat ze grootse dingen verrichten, ook al is dat niet zo. Ze geloven dat ze de briljante spreker zijn, terwijl ze zichzelf in wezen belachelijk maken. Ze geloven dat ze de succesvolle oprichter van een start-up zijn terwijl ze in werkelijkheid nog nooit een succesvolle onderneming van de grond hebben gekregen. Ze noemen zichzelf lifecoach en willen anderen tegen betaling helpen, terwijl ze pas vijfentwintig jaar oud zijn en nog nooit iets van belang hebben gepresteerd in hun leven.

Mensen die overal recht op denken te hebben, vertonen een bedrieglijke hoeveelheid zelfvertrouwen. Dat zelfvertrouwen kan verleidelijk zijn voor anderen – in elk geval voor korte tijd. Soms is het zelfs besmettelijk en kan het andere mensen in de omgeving van die persoon ook meer zelfvertrouwen geven. Ik moet ondanks al Jimmy's fratsen toegeven dat het soms best leuk was om met hem op te trekken. Je voelde je in zijn nabijheid onverwoestbaar.

Maar het probleem met het aanspraak maken op dingen is dat het maakt dat mensen voortdurend een goed gevoel over zichzelf *moeten* hebben, zelfs als dat ten koste gaat van de mensen om hen heen. En omdat ze zich altijd goed over zichzelf moeten voelen, denken ze uiteindelijk het grootste deel van de tijd alleen maar na over zichzelf. Het kost tenslotte heel wat energie en werk om jezelf ervan te overtuigen dat jouw poep niet stinkt, zeker als je eigenlijk op een toilet woont.

Als mensen eenmaal een manier van denken hebben ontwikkeld waarbij ze constant dat wat er om hen heen gebeurt zien als ter meerdere eer en glorie van zichzelf, is het uiterst moeilijk om dat patroon weer te doorbreken. Elke poging om er met hen over te praten, wordt simpelweg gezien als weer een nieuwe aanval op hun superioriteit, door iemand die het niet aankan dat zij zo slim/getalenteerd/mooi/succesvol zijn.

Denken overal recht op te hebben leidt tot een soort narcistische bubbel waarin alles en iedereen zó wordt verdraaid dat het zichzelf versterkt. Mensen die denken dat ze overal recht op hebben, zien elk voorval in hun leven als ofwel een bevestiging ofwel een bedreiging van hun eigen grootsheid. Als hun iets goeds overkomt, is dat vanwege een of andere verbazingwekkende prestatie die ze hebben geleverd. Als hun iets slechts overkomt, is dat omdat iemand jaloers is en probeert hen een toontje lager te laten zingen. Het is een houding waar niet doorheen te komen is. Mensen die overal recht op denken te hebben, laten zich misleiden door alles wat hun superioriteitsgevoel voedt. Ze houden hun mentale façade ten koste van alles overeind, zelfs als dat soms vereist dat ze de mensen in hun omgeving fysiek en emotioneel mishandelen.

Maar dat claimen is een tot mislukken gedoemde strategie. Het is slechts een roes. Het heeft niets met geluk te maken.

De enige juiste maatstaf voor eigenwaarde is niet hoe je denkt over je *positieve* ervaringen, maar hoe je denkt over je *negatieve* ervaringen. Een persoon als Jimmy vlucht voor zijn problemen door voortdurend denkbeeldige successen voor zichzelf te creëren. En omdat hij zijn problemen niet onder ogen kan zien, is hij zwak, hoe goed hij zichzelf ook vindt.

Een persoon met een werkelijk grote eigenwaarde is in staat om eerlijk en open naar de negatieve aspecten van zijn karakter te kijken – 'Ja, ik ga niet altijd verstandig met geld om', 'Ja, soms overdrijf ik mijn successen', 'Ja, ik leun te veel op de steun van anderen en zou onafhankelijker moeten zijn', – om er vervolgens mee aan het werk te gaan. Maar omdat mensen die overal recht op denken te hebben niet in staat zijn hun eigen problemen open en eerlijk onder ogen te zien, zijn ze ook niet in staat hun leven op een blijvende en zinvolle manier te verbeteren. Ze blijven roes na roes najagen en ontwikkelen een steeds grotere mate van ontkenning.

Maar uiteindelijk zal de realiteit hen toch in het gezicht slaan en zullen de onderliggende problemen zich weer manifesteren. De enige vraag is wanneer, en hoe pijnlijk dat zal zijn.

Alles loopt in het honderd

Ik zat om negen uur 's ochtends in de biologieles, met mijn hoofd in mijn handen, en keek naar de ronddraaiende secondewijzer van de klok, die synchroon meetikte met het monotone stemgeluid van de leraar, die het over chromosomen en kerndelingen had. Net als iedere dertienjarige die was veroordeeld tot een muf, helverlicht klaslokaal, verveelde ik me.

Er werd op de deur geklopt. Mr. Price, de directeur van de school, stak zijn hoofd naar binnen. 'Sorry voor de onderbreking. Mark, kun jij even naar buiten komen? O, en neem je spullen mee.'

Raar, dacht ik. Kinderen worden wel naar de directeur gestuurd, maar de directeur wordt zelden naar hen toe gestuurd. Ik pakte mijn spullen bij elkaar en liep de klas uit.

De gang was leeg. Honderden grijze lockers convergeerden naar de horizon. 'Mark, wil je me naar je locker brengen, alsjeblieft?'

'Ja, natuurlijk,' zeg ik, en ik sleep mezelf door de gang, met mijn baggy jeans en warrige haar en veel te grote Pantera-T-shirt.

We komen bij mijn locker. 'Wil je hem alsjeblieft opendoen,' zegt Mr. Price; dus dat doe ik. Hij stapt langs me heen en pakt mijn jas, mijn sporttas, mijn rugzak – de volledige inhoud van de locker, behalve een paar schriften en pennen. Hij begint weg te lopen. 'Kom mee,' zegt hij, zonder om te kijken. Ik begin me wat ongemakkelijk te voelen.

Ik volg hem naar zijn kantoor, waar hij me vraagt te gaan zitten. Hij trekt de deur dicht en doet hem op slot. Hij loopt naar het raam en doet de jaloezieën omlaag, zodat niemand naar binnen kan kijken. Mijn handen beginnen te zweten. Dit is geen normaal bezoekje aan de directeur.

Mr. Price gaat zitten en rommelt op zijn gemak door mijn spullen. Hij controleert zakken, doet ritsen open, schudt mijn sporttas leeg op de vloer.

Zonder naar me op te kijken, vraagt Mr. Price: 'Weet je waar ik naar op zoek ben, Mark?'

'Nee,' zeg ik.

'Drugs.'

Het woord jaagt me de stuipen op het lijf.

'D-d-drugs?' stamel ik. 'Wat voor drugs?'

Hij kijkt me streng aan. 'Dat weet ik niet; welke drugs heb jij?' Hij opent een van mijn ringbanden en controleert de kleine vakjes bedoeld voor pennen.

Mijn zweet stroomt nu vrijelijk. Het verspreidt zich van mijn handen naar mijn armen naar mijn hals. Mijn slapen kloppen terwijl het bloed naar mijn hersenen en gezicht stroomt. Net als de meeste dertienjarigen die ervan worden beschuldigd verdovende middelen te bezitten en mee naar school te hebben genomen, wil ik het liefst wegrennen en me verstoppen.

'Ik weet niet waar u het over hebt,' protesteer ik, maar de woorden klinken veel zwakker dan me lief is. Ik zou eigenlijk moeten klinken alsof ik het volste vertrouwen in mezelf heb. Of misschien ook niet. Misschien moet ik bang zijn. Klinken leugenaars bangig of juist zelfverzekerd? Want hoe ze ook klinken, ik wil precies het tegenovergestelde klinken. Maar in plaats daarvan wordt mijn gebrek aan zelfvertrouwen alleen maar groter en maakt mijn onzekerheid over het onzeker klinken me nog onzekerder. O, die fucking Helse Vicieuze Cirkel.

'Nou, dat zullen we nog weleens zien,' zegt hij, zijn aandacht richtend op mijn rugzak, die wel honderd vakjes lijkt te hebben. Elk ervan herbergt zijn eigen onnozele puberparafernalia – gekleurde pennen, briefjes die in de klas zijn doorgegeven, cd's uit de vroege jaren negentig met gebarsten hoesjes, opgedroogde markeerstiften, een oud schetsboek waarin de helft van de pagina's ontbreekt, stof en pluisjes en allerlei troep die in de loop van een chaotisch middelbareschoolbestaan is verzameld.

Mijn zweet spuit nu zo ongeveer mijn lichaam uit en de tijd rekt zichzelf uit en blaast de seconden op tot een bijna paleolithische eeuwigheid en ik sterf elke minuut een beetje. Het is ik en Mr. Price en mijn bodemloze rugzak.

Ergens rond het mesolithische tijdperk beëindigt Mr. Price zijn zoektocht in mijn rugzak. Hij heeft niets gevonden en ziet er verhit uit. Hij keert de rugzak om en laat alle troep op de vloer van het kantoor vallen. Hij zweet nu even heftig als ik, behalve dat het bij hem niet door de angst, maar door zijn woede komt.

'Geen drugs dus, vandaag?' Hij probeert het losjes te zeggen.

'Nee hoor.' Ik klink al even nonchalant.

Hij spreidt mijn spullen uit, scheidt alle voorwerpen van elkaar en maakt er vervolgens kleine hoopjes van die hij naast mijn sportspullen legt. Mijn jas en rugzak liggen nu leeg en levenloos in zijn schoot. Hij zucht en staart naar de muur. Ik wil huilen, zoals iedere dertienjarige die zit opgesloten in een kantoor terwijl een woedende man al zijn troep over de vloer strooit.

Mr. Price bekijkt de op de vloer geordende inhoud. Niets onwettigs of illegaals, geen verdovende middelen, niets wat zelfs ook maar tegen de schoolregels in gaat. Hij zucht en gooit dan ook de jas en de rugzak op de vloer. Hij buigt voorover en legt zijn ellebogen op zijn knieën, zodat zijn gezicht op dezelfde hoogte komt als dat van mij.

'Mark, ik geef je nog één laatste kans om eerlijk tegen me te zijn. Als je eerlijk bent, zal dit een stuk beter voor je uitpakken. Als blijkt dat je liegt, maak je het veel erger.'

Ik slik moeizaam.

'En nu wil ik dat je me de waarheid vertelt,' zegt Mr. Price streng. 'Heb jij vandaag drugs mee naar school genomen?'

Terwijl ik mijn tranen probeer terug te dringen en een schreeuw opwelt in mijn keel, kijk ik mijn kwelgeest recht aan en zeg op smekende toon en snakkend naar verlossing van deze adolescentenhorror: 'Nee, ik heb geen drugs. Ik snap niet waar u op doelt.'

'Oké,' zegt hij, op een toon alsof hij zich gewonnen geeft. 'Dan kun je nu denk ik je spullen wel weer inpakken en vertrekken.'

Hij werpt nog één laatste, verlangende blik op mijn lege rugzak, die als een gebroken belofte op de vloer van zijn kantoor ligt. Hij zet nonchalant een voet op de rugzak en stampt er een beetje op – een laatste wanhopige poging. Ik wacht gespannen tot hij opstaat en vertrekt, zodat ik verder kan met mijn leven en deze nachtmerrie achter me kan laten.

Maar zijn voet raakt iets. 'Wat is dit?' vraagt hij, tikkend met zijn voet.

'Wat is wat?' zeg ik.

'Hier zit nog iets.' Hij pakt de rugzak op en begint aan de onderkant te voelen. Ik zie de kamer ineens heel wazig; ik tril over mijn hele lichaam.

Toen ik jong was, was ik slim. Ik was aardig. Maar ik was ook een ettertje. Ik bedoel dat in de meest liefhebbende zin die maar mogelijk is. Ik was een rebels, liegend ettertje. Kwaad en vol wrok. Toen ik twaalf was, hackte ik het alarmsysteem van ons huis met koelkastmagneten, zodat ik 's nachts ongemerkt naar buiten kon glippen. Mijn vriend en ik zetten de auto van zijn moeder in zijn vrij zodat we hem de straat op konden duwen en erin konden rondrijden zonder haar wakker te maken. Ik schreef opstellen over abortus omdat ik wist dat mijn leraar Engels een zeer conservatieve christen was. Met een andere vriend stal ik sigaretten van zijn moeder, die we achter de school aan kinderen verkochten.

En ik had ook een geheim vakje onder in mijn rugzak gemaakt waarin ik mijn marihuana verborg.

En dat was nu precies het vakje dat Mr. Price vond na op de door mij verborgen drugs te hebben gestampt. Ik had gelogen. En dat liet Mr. Price, zoals beloofd, niet over zijn kant gaan. Een paar uur later zat ik met handboeien om in een politiewagen en dacht net als iedere dertienjarige dat mijn leven voorbij was.

En daar had ik in zekere zin ook gelijk in. Mijn ouders hielden me thuis in quarantaine. Ik zou voorlopig geen vrienden hebben. Ik was van school gestuurd en zou de rest van het jaar thuis les krijgen. Mijn moeder liet mijn haar knippen en gooide al mijn Marilyn Manson- en Metallica-shirts in de vuilnisbak (wat voor een puber in 1998 zo ongeveer gelijkstond aan de doodstraf via acute verlamming). Mijn pa sleepte me 's ochtends mee naar zijn kantoor, waar ik uren achter elkaar dossiers moest opbergen. Toen de thuislessen voorbij waren, werd ik ingeschreven op een kleine, christelijke privéschool waar – en dat zal je misschien niet verbazen – ik niet echt op mijn plaats was.

En net toen ik eindelijk alles weer een beetje op de rails had en keurig mijn huiswerk maakte en de waarde begon in te zien van degelijk klerikaal onderwijs, besloten mijn ouders te gaan scheiden.

Ik vertel je dit allemaal alleen maar om duidelijk te maken dat mijn puberteit een ramp was. Binnen negen maanden was ik al mijn vrienden, mijn vertrouwde omgeving, mijn wettelijke rechten en mijn familie kwijt. De therapeut die ik tussen mijn twintigste en dertigste bezocht, noemde het 'echt wel serieuze traumatische shit', en ik was de daaropvolgende tien jaar bezig om ermee in het reine te komen en een wat minder egocentrische, voortdurend tekortgedane klootzak te worden.

Het probleem van mijn thuissituatie in die tijd lag niet zozeer in de afschuwelijke dingen die werden gezegd of gedaan; het waren de verschrikkelijke dingen die niet gezegd en gedaan werden, terwijl dat wel had gemoeten. Stoïcijnser dan mijn familie krijg je ze niet. We zijn er kampioenen in. Het huis had om ons heen kunnen afbranden en dan zou er hoogstens iets gezegd worden in de trant van: 'O, nee hoor, alles prima. Een beetje warm misschien, maar verder niets aan de hand.'

Toen mijn ouders scheidden, waren er geen gebroken borden, werd er niet met deuren gegooid, was er geen geschreeuw over wie nu eigenlijk wie had belazerd. Nadat ze mijn broer en mij hadden verzekerd dat het niet onze fout was, volgde er een vraag-en-antwoordspel – ja, dat lees je goed – over de logistiek betreffende de nieuwe omgangsregelingen. Er werd geen traan gelaten. Geen stem verhief zich. De enige indicatie voor mijn broer en mij dat het emotionele leven van onze ouders aan duigen viel, waren de woorden: 'Er is niemand ontrouw geweest.' Nou, dat is mooi. Het was een beetje warm in de kamer, maar verder was er eigenlijk niets aan de hand.

Mijn ouders zijn goede mensen. Ik geef hun niet de schuld

van dit alles (niet meer, in elk geval). En ik hou heel veel van ze. Ze hebben hun eigen verhalen en hun eigen traject en hun eigen problemen, net zoals alle ouders. En net zoals hún ouders, enzovoort. En net als alle ouders hebben mijn ouders, met de beste bedoelingen, sommige van hun problemen op mij overgebracht, iets wat ik waarschijnlijk ook weer bij mijn kinderen zal doen.

Als 'serieuze traumatische shit' als dit ons leven binnenkomt, krijgen we onbewust het gevoel dat we problemen hebben die we niet kunnen oplossen. En dit veronderstelde onvermogen om onze problemen op te lossen, maakt dat we ons ellendig en hulpeloos voelen.

Maar het leidt ook nog tot iets anders. Als we problemen hebben die onoplosbaar zijn, denkt ons onderbewuste dat we ofwel bijzonder speciaal zijn, ofwel bijzonder onvolmaakt. Dat we op de een of andere manier anders zijn dan de rest en dat voor ons dus speciale regels gelden.

Simpel gezegd: we vinden dat we recht op dingen hebben.

De pijn uit mijn puberteit maakte dat ik me tot halverwege mijn twintigste in mijn recht voelde staan om bepaalde dingen te doen. Terwijl zich dat bij Jimmy manifesteerde in het zakenleven, waar hij pretendeerde enorm succesvol te zijn, kwam het bij mij tot uiting in mijn relaties, en dan met name met vrouwen. Mijn trauma draaide om intimiteit en acceptatie, dus ik voelde voortdurend de behoefte om over te compenseren, om mezelf te bewijzen dat ik altijd en overal geliefd was en geaccepteerd werd. Het gevolg was dat ik met vrouwen omging zoals een cocaïneverslaafde zich op een sneeuwpop gemaakt van cocaïne stort: ik zwolg er helemaal in, om er vervolgens door verstikt te worden.

Ik werd een versierder – een onvolwassen, egoïstische, zij het soms charmante versierder. En ik werkte bijna tien jaar lang een hele reeks oppervlakkige en ongezonde relaties af.

Het was niet zozeer de seks waar ik naar hunkerde, hoewel die seks best leuk was. Het was de bevestiging. Men wilde mij; men hield van mij; voor het eerst sinds ik me kon herinneren, stelde ik iets voor. Mijn hunkering naar bevestiging leidde er al snel toe dat ik zwolg in eigendunk. Ik voelde me gerechtigd om te zeggen en te doen wat ik wilde, om het vertrouwen van anderen te beschamen, om andermans gevoelens te negeren, om dat vervolgens later goed te praten met lullige, halfzachte verontschuldigingen.

Hoewel deze periode zeker ook leuke en opwindende momenten kende en ik een paar fantastische vrouwen heb ontmoet, was mijn leven toch grotendeels een ramp. Ik was vaak werkloos, sliep bij vrienden of bij mijn moeder op de bank, dronk veel meer dan goed voor me was, vervreemdde me van een aantal vrienden – en toen ik een vrouw ontmoette die ik echt leuk vond, maakte mijn egocentrisme al snel alles weer kapot.

Hoe dieper de pijn, hoe hulpelozer we ons voelen ten opzichte van onze problemen en hoe meer aanspraak we op dingen maken ter compensatie van die problemen. Dat op alles recht denken te hebben, manifesteert zich op twee manieren:

1. Ik ben fantastisch en de rest van jullie stelt niets voor, dus ik verdien een speciale behandeling.
2. Ik stel niets voor en de rest van jullie is fantastisch, dus ik verdien een speciale behandeling.

Die twee houdingen lijken op het eerste gezicht met elkaar in tegenspraak, maar ze hebben dezelfde egoïstische ondertoon. Je ziet zelfs vaak dat mensen die overal recht op denken te hebben, heen en weer flippen tussen die twee. Of ze vinden zichzelf top, of ze vinden zichzelf niks, al naargelang de dag van de week of hoe goed ze zich op dat moment voelen bij hun specifieke verslaving.

De meeste mensen zien in Jimmy wel de opgeblazen, narcistische klootzak die hij is. Dat komt omdat hij nogal schaamteloos pronkt met zijn denkbeeldige hoge eigendunk. Maar bij mensen die constant het gevoel hebben dat ze inferieur zijn, de wereld niet waard, valt het minder op dat ze op allerlei dingen recht denken te hebben.

Want alles in het leven zo draaien dat je je voortdurend een slachtoffer voelt, vereist evenveel egoïsme als het tegenovergestelde. Het kost evenveel energie en bedrieglijke zelfverheerlijking om te blijven geloven dat je onoverkomelijke problemen hebt als dat je totaal geen problemen hebt.

De waarheid is namelijk dat zoiets als een persoonlijk probleem helemaal niet bestaat. Als jij een probleem hebt, is de kans groot dat miljoenen anderen dat in het verleden ook gehad hebben, dat nu hebben en dat in de toekomst zullen hebben. Waarschijnlijk zijn dat ook nog eens mensen die jij kent. Dat minimaliseert jouw problemen niet en het betekent ook niet dat het geen pijn kan doen. Het betekent niet dat jij in sommige gevallen niet ook echt een slachtoffer bent.

Het betekent alleen maar dat jij niet speciaal bent.

Vaak is het dit besef – dat de ernst en de pijn van jouw problemen niet per se uitzonderlijk zijn – dat de eerste en belangrijkste stap vormt naar een oplossing ervan.

Maar het lijkt wel of steeds meer mensen – met name jonge mensen – dit om de een of andere reden vergeten. Talloze docenten en pedagogen signaleren een gebrek aan emotionele veerkracht en een overdaad aan egoïstische eisen bij de huidige jeugd. Het is inmiddels niet ongebruikelijk dat boeken uit het lesmateriaal worden verwijderd, enkel en alleen omdat iemand zich er niet senang bij voelt. Docenten worden uitgejouwd en van de campus geweerd wegens onschuldige uitlatingen als dat sommige halloweenkostuums toch echt niet zo kwetsend zijn. Schooldecanen signaleren dat meer studenten dan ooit ernstige tekenen vertonen van stress over wat normaal gesproken tot de dagelijkse beslommeringen op een school behoort, zoals een ruzie met een kamergenoot of een slecht cijfer krijgen.

Het is vreemd dat in een tijd waarin we meer dan ooit met elkaar verbonden zijn, het idee recht te hebben op van alles nog nooit zo heeft gefloreerd. Iets in de huidige technologie lijkt ertoe te inspireren dat onze onzekerheden meer dan ooit opspelen. Hoe meer vrijheid we krijgen om onszelf te manifesteren, hoe minder we te maken willen hebben met mensen die het misschien oneens zijn met ons of die ons van streek maken. Hoe meer we worden blootgesteld aan andere gezichtspunten, hoe erger we het lijken te vinden dat die andere gezichtspunten bestaan. Hoe makkelijker en probleemlozer ons leven wordt, hoe meer recht we denken te hebben op een nog beter leven, zo lijkt het.

De voordelen van internet en social media zijn fantastisch, zonder meer. Dit is in veel opzichten de beste tijd ooit om in te leven. Maar misschien dat deze technologische verworvenheden wat onbedoelde bijwerkingen hebben. Misschien dat diezelfde technologische verworvenheden die zovelen van ons hebben bevrijd en verder gebracht, tegelijkertijd ook als nooit tevoren bij de mensen het gevoel hebben versterkt dat ze overal recht op hebben.

De tirannie van de uitzonderlijkheid

De meeste mensen zijn tamelijk middelmatig in de meeste dingen die ze doen. Zelfs als je in één ding uitzonderlijk bent, is de kans groot dat je in de meeste andere dingen middelmatig of zelfs beneden gemiddeld bent. Zo is het leven nu eenmaal. Om echt heel goed in iets te worden, moet je er onbehoorlijk veel tijd en energie in stoppen. En omdat we allemaal maar een beperkte hoeveelheid tijd en energie hebben, worden maar weinigen uitzonderlijk in meer dan één ding, als we al ergens uitzonderlijk in worden.

We kunnen stellen dat het statistisch hoogstonwaarschijnlijk is dat één enkele persoon uitzonderlijk goed presteert op alle terreinen van het leven, of zelfs maar in enkele aspecten van zijn of haar leven. Briljante zakenlieden maken vaak een puinhoop van hun persoonlijke leven. Uitzonderlijk goede atleten hebben vaak weinig diepgang en zijn soms zo dom als het achtereind van een koe. Veel beroemdheden snappen waarschijnlijk net zo weinig van het leven als de mensen die hen adoreren en hen in alles navolgen.

We zijn allemaal voor het grootste deel tamelijk middelmatige mensen. Maar het zijn de extremen die alle publiciteit krijgen. Dat weten we ook eigenlijk wel, maar we denken en/of praten er zelden over, en we vragen ons al helemaal niet af waarom dit een probleem zou kunnen zijn.

Het feit dat we internet, Google, Facebook, YouTube hebben, plus toegang tot honderden tv-zenders, is verbazingwekkend. Maar onze aandacht is beperkt. We kunnen onmogelijk de vloedgolven aan informatie verwerken die voortdurend over ons heen komen. Daarom zijn de enige nullen en enen die erdoorheen komen en onze aandacht vangen, de echt exceptionele stukjes informatie – 99,999 procent valt buiten de boot.

We worden elke dag, de hele dag, overspoeld door het echt uitzonderlijke. Het beste van het beste. Het slechtste van het slechtste. De meest uitzonderlijke lichamelijke prestaties. De leukste grappen. Het meest schokkende nieuws. De ergste bedreigingen. Non-stop.

We krijgen onze informatie tegenwoordig uit de extremen van de menselijke ervaring, want in de mediawereld is dat wat de aandacht trekt, en aandacht levert dollars op. Dat is een gegeven. Toch speelt het leven zich vooral af in het saaie middensegment. Het leven is voor het overgrote deel níét uitzonderlijk, maar inderdaad nogal middelmatig.

Door deze tsunami van extreme informatie zijn we gaan denken dat uitzonderlijkheid het nieuwe normaal is. En omdat we allemaal het grootste deel van de tijd nogal middelmatig zijn, zorgt die stortvloed aan uitzonderlijke informatie ervoor dat we ons behoorlijk onzeker en wanhopig voelen, want we zijn duidelijk niet goed genoeg. Dus voelen we steeds meer de behoefte om dat te compenseren door overal aanspraak op te maken en door verslaving. We houden ons staande op de enige manier die we kennen: ofwel door onszelf te verheerlijken ofwel door anderen te verheerlijken.

Sommigen doen dat door allerlei plannetjes te verzinnen om snel rijk te worden. Anderen doen het door de wereld in te trekken en baby's in Afrika van de hongerdood te redden. Weer anderen doen het door op school te excelleren en alle prijzen te winnen. Sommigen doen het door een schietpartij op een school te beginnen. Of door seks te hebben met alles wat praat en ademhaalt.

Dit sluit aan bij de toenemende cultuur van overal recht op hebben waar ik het eerder over had. De millenniumgeneratie krijgt vaak de schuld van deze culturele verschuiving, maar dat kan heel goed komen doordat die de meest ingeplugde en zichtbare generatie is. De tendens van overal recht op hebben zie je in feite door de hele maatschappij heen. En ik denk dat het te maken heeft met de door de massamedia benadrukte uitzonderlijkheid.

Het probleem is dat de alomtegenwoordigheid van technologie en massamarketing de verwachtingen van mensen betreffende zichzelf opdrijven. De inundatie van het uitzonderlijke maakt dat mensen een slechter gevoel krijgen over zichzelf, dat ze het idee krijgen dat ze extremer, radicaler en zelfverzekerder moeten worden om opgemerkt te worden of om er zelfs maar toe te doen.

Toen ik nog een jonge man was, werden mijn onzekerheden rond intimiteit verergerd door al die belachelijke verhalen over mannelijkheid die de ronde deden in de popcultuur. En diezelfde verhalen doen nog steeds de ronde: om een coole gast te zijn, moet je feesten als een rockster; om gerespecteerd te worden, moet je worden aanbeden door vrouwen; seks is het meest waardevolle dat een man kan bereiken en daar moet je alles voor opofferen (inclusief je eigen waardigheid).

Deze constante stroom van onrealistische informatie wakkert onze al bestaande gevoelens van onzekerheid aan, want we worden blootgesteld aan steeds meer onrealistische normen waaraan we niet kunnen voldoen. Niet alleen voelen we ons onderworpen aan onoplosbare problemen, maar we voelen ons ook losers omdat een simpele zoekactie op Google ons duizenden mensen toont die diezelfde problemen niet hebben.

Technologie heeft oude, economische problemen opgelost door ons nieuwe, psychologische problemen te geven. Het internet is niet alleen een bron van informatie; het is ook een bron van onzekerheid, gebrek aan zelfvertrouwen en schaamte.

M-m-m-maar, als ik niet speciaal of uitzonderlijk kan worden, wat heeft het dan allemaal nog voor zin?

In onze huidige cultuur heerst een wijdverbreid geloof dat we *allemaal* voorbestemd zijn tot iets echt uitzonderlijks. Beroemdheden zeggen het. Zakenmagnaten zeggen het. Politici zeggen het. Zelfs Oprah zegt het (dus moet het wel waar zijn). Echt iedereen kan uitzonderlijk zijn. We *verdienen* dat gewoon.

Dat hier sprake is van een duidelijke tegenstrijdigheid – want ja, als *iedereen* uitzonderlijk zou zijn, dan zou per definitie *niemand* uitzonderlijk zijn – wordt door de meeste mensen over het hoofd gezien. En in plaats van je af te vragen wat je nu eigenlijk wel of niet verdient, slikken we de boodschap voor zoete koek en vragen we om meer.

'Middelmatig' zijn is de nieuwe maatstaf geworden voor mislukking. Het ergste wat je kan gebeuren, is dat je tot de grote massa behoort, tot de grootste gemene deler. Wanneer de norm voor succes is dat je uitzonderlijk bent, kun je je dus maar beter aan de onderkant bevinden dan in het midden, want daar ben je in elk geval nog bijzonder en verdien je aandacht. Veel mensen kiezen voor die strategie: aan iedereen bewijzen dat zij er het ellendigst aan toe zijn, of het meest in de verdrukking zitten, of het grootste slachtoffer zijn.

Veel mensen zijn bang om middelmatigheid te accepteren, want ze denken dat als ze dat accepteren, ze nooit iets zullen bereiken, nooit zullen verbeteren, en dat hun leven zinloos is.

Dit soort denken is gevaarlijk. Als je eenmaal uitgaat van de premisse dat een leven pas waardevol is als het echt bijzonder en groots is, dan accepteer je in wezen het feit dat het overgrote deel van de menselijke populatie (inclusief jijzelf) niets voorstelt, waardeloos is. En een dergelijke instelling kan al snel gevaarlijk blijken, zowel voor jezelf als voor anderen.

Het zeldzame groepje mensen dat echt uitblinkt in iets, doet dat niet omdat ze denken dat ze uitzonderlijk zijn. Integendeel. Ze worden zo bijzonder omdat ze geobsedeerd zijn door verbetering. En die obsessie met verbetering komt voort uit de onwrikbare overtuiging dat ze in feite helemaal niet zo bijzonder zijn. Het is precies het tegenovergestelde van ergens aanspraak op maken. Mensen die heel goed in iets worden, worden dat omdat ze begrijpen dat ze nog niet bijzonder zijn – ze zijn middelmatig, ze steken er niet bovenuit – en dat ze het zoveel beter zouden kunnen doen.

Al dat gezeur over dat iedereen uitzonderlijk kan zijn, is in wezen niet meer dan een opgeilen van je ego. Het is een boodschap die er lekker in gaat, maar in werkelijkheid zijn het niet meer dan wat nutteloze calorieën die je emotioneel dik en opgeblazen maken, de spreekwoordelijke Big Mac voor je ziel en je brein.

Je emotionele gezondheid is, net als je fysieke gezondheid, gebaat bij het eten van je groentes – met andere woorden: het accepteren van de kale, alledaagse feiten; feiten als 'Jouw daden doen er in feite niet zoveel toe in het grotere geheel', en 'Het overgrote deel van je leven zal saai en niet opmerkelijk zijn, en dat is oké'. Dit groentehapje zal in het begin slecht smaken. Heel slecht. Je zult het niet willen slikken.

Maar eenmaal verteerd, zal je lichaam zich potenter en alerter voelen. Want dan zul je niet meer gebukt gaan onder die constante druk om uitzonderlijk te zijn, om de nieuwe ster te zijn. De stress en angst van het voortdurend tekortschieten en van de noodzaak om jezelf te verbeteren, zullen vervliegen. En het besef en de acceptatie van je eigen futiele bestaan zullen je uiteindelijk de vrijheid geven om te bereiken wat je echt wilt bereiken, zonder oordelen of hoogdravende verwachtingen.

Je zult steeds meer waardering krijgen voor de basale ervaringen in het leven: het plezier van een simpele vriendschap, het creëren van iets, het helpen van iemand die dat nodig heeft, het lezen van een goed boek, lachen met iemand om wie je geeft.

Klinkt saai, hè? Dat komt omdat het allemaal normale zaken zijn. Maar misschien zijn ze wel normaal om een reden: omdat het de zaken zijn waar het in wezen om gaat.

HOOFDSTUK 4

De waarde van lijden

In de laatste maanden van 1944, na bijna een decennium van oorlog, keerde het tij zich tegen Japan. Hun economie stagneerde, hun legers hadden zich verspreid over half Azië en de gebieden die ze hadden veroverd vielen nu als dominostenen onder de druk van de Amerikaanse troepen. De nederlaag leek onvermijdelijk.

Op 26 december 1944 werd tweede luitenant Hiroo Onoda van het Japanse Keizerlijke Leger overgeplaatst naar het kleine eiland Lubang op de Filippijnen. Zijn opdracht was om de opmars van de Verenigde Staten zo veel mogelijk te vertragen, om ten koste van alles te blijven vechten en standhouden en zich nooit over te geven. Zowel hij als zijn meerdere wist dat het in wezen een zelfmoordmissie was.

In februari 1945 arriveerden de Amerikanen op Lubang en namen het eiland met overweldigende overmacht in. Binnen een paar dagen hadden de meeste Japanse soldaten zich overgegeven of waren gedood, maar Onoda en drie van zijn mannen slaagden erin te ontkomen naar de jungle. Van daaruit begonnen ze een guerrilla tegen de Amerikanen en de plaatselijke bevolking. Ze vielen bevoorradingsroutes aan, schoten op verdwaalde soldaten en maakten de Amerikaanse strijdkrachten op alle mogelijke manieren het leven zuur.

Een halfjaar later, in augustus, gooiden de Verenigde Staten een atoombom op Hiroshima en Nagasaki. Japan gaf zich over en de dodelijkste oorlog in de geschiedenis van de mensheid kwam tot een dramatisch einde.

Maar op de eilanden in de Stille Zuidzee liepen nog steeds duizenden Japanse soldaten rond en de meesten hielden zich net als Onoda schuil in de jungle, zich er niet van bewust dat de oorlog voorbij was. Deze groepjes gingen gewoon door met vechten en plunderen. Dat was een serieus probleem voor het weer opkrabbelende oostelijk Azië, en de diverse regeringen waren het erover eens dat er iets moest gebeuren.

Het Amerikaanse leger dropte in samenwerking met de Japanse overheid duizenden flyers in het Pacifische gebied waarin werd verkondigd dat de oorlog voorbij was en dat iedereen naar huis kon. Onoda en zijn mannen vonden en lazen net als vele anderen deze flyers, maar in tegenstelling tot de meeste anderen besloot Onoda dat ze nep waren, een valstrik van de Amerikanen om de guerrillastrijders uit hun tent te lokken. Onoda verbrandde de flyers en hij en zijn mannen bleven vanuit hun schuilplaats oorlog voeren.

Er gingen vijf jaar voorbij. Er werden geen briefjes meer gestrooid en het merendeel van de Amerikaanse troepen was allang weer naar huis. De lokale bevolking op Lubang probeerde het normale leven weer op te pakken. Maar ze hadden nog steeds te maken met Hiroo Onoda en zijn kornuiten, die nog steeds op boeren schoten, hun oogsten verbrandden, hun vee stal en mensen die zich te ver in de jungle waagden, vermoordden. De Filippijnse overheid besloot toen nieuwe flyers te drukken en die in de jungle te verspreiden. *Kom tevoorschijn*, stond erop. *De oorlog is voorbij. Jullie hebben verloren.*

Maar ook deze werden genegeerd.

In 1952 deed de Japanse regering nog één laatste poging om in de hele Pacific dit laatste restje soldaten uit hun schuilplaats te krijgen. Deze keer werden er brieven en foto's van de families van de vermiste soldaten gedropt, samen met een persoonlijke brief van de keizer zelf. Maar opnieuw weigerde Onoda te geloven dat de informatie echt was. Opnieuw zag hij er een truc van de Amerikanen in. Opnieuw wisten zijn mannen van geen wijken en zetten ze de strijd voort.

Er ging weer een aantal jaar voorbij en de lokale bevolking werd het zo zat om geterroriseerd te worden dat ze zich uiteindelijk bewapenden en begonnen terug te schieten. Rond 1959 had een van Onoda's metgezellen zich overgegeven en een ander was gedood. En toen, een decennium later, werd Onoda's laatste compagnon, een man genaamd Kozuka, gedood bij een vuurgevecht met de plaatselijke politie terwijl hij rijstvelden in brand stak – hij voerde dus een kwart eeuw na het einde van WO II nog steeds oorlog tegen de lokale bevolking!

In 1972 bereikte het nieuws van Kozuka's dood Japan en veroorzaakte daar nogal wat deining. De Japanners hadden gedacht dat de laatste soldaten uit de oorlog al jaren eerder terug waren gekomen. De Japanse media begonnen zich af te vragen: als Kozuka nog tot 1972 op Lubang had gezeten, dan zou Onoda zelf, de enige nog bekende stijfkop uit de oorlog, misschien ook nog wel in leven zijn. Dat jaar begon zowel de Japanse als de Filippijnse overheid een zoekactie naar de raadselachtige tweede luitenant, inmiddels deels mythe, deels held en deels geestverschijning.

Ze vonden niets.

Naarmate de maanden verstreken, werd het verhaal van luitenant Onoda tot een soort broodjeaapverhaal – de oorlogsheld die te krankzinnig leek om echt te bestaan. Veel mensen begonnen hem te romantiseren. Anderen vonden hem maar niks. Weer anderen zagen het als een sprookje, bedacht door mensen die nog steeds wilden geloven in een Japan dat allang was verdwenen.

Het was rond deze tijd dat een jonge man genaamd Norio Suzuki voor het eerst van Onoda hoorde. Suzuki was een avonturier, een ontdekkingsreiziger en een beetje een hippie. Hij was na de oorlog geboren, had zijn school niet afgemaakt en was vier jaar liftend dwars door Azië, het Midden-Oosten en Afrika getrokken. Hij sliep op banken in het park, in de auto's van onbekenden, in politiecellen of onder de sterren. Hij werkte op boerderijen om aan eten te komen en hij doneerde bloed om geld voor een overnachting bij elkaar te krijgen. Hij was een vrijbuiter, maar misschien ook wel een beetje gestoord.

In 1972 had Suzuki behoefte aan een nieuw avontuur. Hij was na al zijn reizen teruggekeerd naar Japan en vond de strenge culturele normen en de sociale hiërarchie beklemmend. Hij haatte school. Hij kon geen baan behouden. Hij wilde weer onderweg zijn, weer vrij zijn.

Voor Suzuki kwam de legende van Hiroo Onoda als geroepen. Het was een nieuw en waardig avontuur voor hem. Suzuki was ervan overtuigd dat híj de man zou zijn die Onoda zou vinden. Oké, zoekacties van de Japanse, Filippijnse en Amerikaanse overheid hadden niets opgeleverd; de plaatselijke politie had al bijna dertig jaar zonder succes de jungle uitgekamd; duizenden flyers hadden geen enkele respons opgeleverd – maar fuck, deze armoedige hippie zonder noemenswaardige opleiding zou degene zijn die hem ging vinden.

Ongewapend en ongetraind voor elke vorm van verkenningswerk of tactische oorlogsvoering vertrok Suzuki naar Lubang en trok daar in zijn eentje de jungle in. Zijn strategie: heel hard Onoda's naam schreeuwen en hem vertellen dat de keizer zich zorgen over hem maakte.

Hij vond Onoda binnen vier dagen.

Suzuki hield Onoda enige tijd gezelschap in de jungle. Onoda was op dat moment al bijna een jaar alleen en toen hij eenmaal gevonden was door Suzuki, was hij blij met diens gezelschap en wilde hij dolgraag horen wat er in de wereld omging, van deze Japanse bron die hij kon vertrouwen. De twee mannen werden min of meer vrienden.

Suzuki vroeg Onoda waarom hij hier was gebleven en de strijd had voortgezet. Onoda zei dat het heel simpel was: hij had het bevel gekregen zich nooit over te geven, dus was hij gebleven. Bijna dertig jaar lang had hij alleen maar een bevel opgevolgd. Onoda vroeg toen aan Suzuki waarom een 'hippiejongen' zoals hij naar hem op zoek was gegaan. Suzuki zei dat hij uit Japan was vertrokken op zoek naar drie dingen: 'Luitenant Onoda, een pandabeer en de Verschrikkelijke Sneeuwman, in die volgorde.'

Het was een wel heel bizarre samenloop van omstandigheden: twee goedbedoelende avonturiers die valse visioenen van glorie najoegen, als een tot leven gekomen Japanse Don Quichot en Sancho Panza, tot elkaar veroordeeld in de klamme uithoeken van een Filippijnse jungle, beiden met het idee dat ze helden waren, terwijl ze in wezen eenzaam en alleen hun futiele strijd voerden. Onoda had op dat moment al het grootste deel van zijn leven opgeofferd aan een denkbeeldige oorlog. Suzuki zou het zijne ook opofferen. Na Hiroo Onoda en de pandabeer uiteindelijk te hebben gevonden, zou hij een paar jaar later sterven in de Himalaya, nog steeds op zoek naar de Verschrikkelijke Sneeuwman.

Mensen kiezen er vaak voor om een groot deel van hun leven te wijden aan schijnbaar nutteloze of destructieve zaken. Op het eerste gezicht lijken hun motieven totaal zinloos. Het is moeilijk voor te stellen dat Onoda al die dertig jaar gelukkig kan zijn geweest op dat eiland – levend van insecten en knaagdieren, slapend in de modder en decennium na decennium burgers vermoordend. Of waarom Suzuki zijn eigen dood tegemoet ging, zonder geld, zonder gezelschap en met geen ander doel dan het vinden van een denkbeeldige yeti.

Toch zei Onoda later dat hij nergens spijt van had. Hij beweerde dat hij trots was op zijn keuzes en op zijn verblijf op Lubang. Hij zei dat het een eer was geweest om een aanzienlijk deel van zijn leven in dienst te stellen van een niet-bestaand keizerrijk. Suzuki zou, als hij het had overleefd, waarschijnlijk iets vergelijkbaars hebben gezegd: dat hij precies deed wat hij had moeten doen, dat hij nergens spijt van had.

Deze mannen kozen allebei zelf hoe ze wensten te lijden. Hiroo Onoda verkoos te lijden vanwege zijn loyaliteit aan een uitgeblust keizerrijk. Suzuki verkoos te lijden vanwege het avontuur, hoe onbezonnen dat ook was. Voor beide mannen *betekende* hun lijden iets; het diende een grotere zaak. En omdat het iets betekende, waren ze in staat het te verduren, er misschien zelfs van te genieten.

Als lijden onvermijdelijk is, als we de problemen in ons leven niet kunnen ontlopen, dan zouden we onszelf niet af moeten vragen 'Hoe maak ik een eind aan het lijden', maar 'Waaróm lijd ik – voor welk doel?'

Hiroo Onoda keerde in 1974 terug naar Japan en werd daar een beroemdheid. Hij werd van talkshow naar interview gesleept; politici stonden te dringen om hem de hand te schudden; hij publiceerde een boek en kreeg zelfs een grote som geld aangeboden door de overheid.

Maar wat hij bij terugkeer in Japan aantrof, schokte hem: een cultuur die werd gedomineerd door consumentisme, kapitalisme en oppervlakkigheid, een cultuur die alle tradities betreffende eer en opoffering waar zijn generatie mee was opgevoed, overboord had gegooid.

Onoda probeerde zijn plotselinge beroemdheid te gebruiken om de waarden van het oude Japan weer in ere te herstellen, maar hij vond geen weerklank bij deze nieuwe maatschappij. Men zag in hem eerder een leuke blikvanger dan een serieuze culturele denker – een Japanse man die uit een tijdcapsule was gekropen en naar wie we allemaal vol verwondering keken, als naar een reliek in een museum.

En o ironie, Onoda werd veel depressiever dan hij in de jungle ooit was geweest. In de jungle had zijn leven tenminste nog betekenis gehad; het had ergens voor gestaan. Dat had zijn lijden draaglijk gemaakt en zelfs enigszins begeerlijk. Maar terug in Japan, in wat hij beschouwde als een stuurloos land vol hippies en losbandige vrouwen in westerse kleding, werd hij geconfronteerd met de keiharde waarheid: dat zijn strijd niets had betekend. Het Japan waar hij voor geleefd en gevochten had, bestond niet meer. En dit besef trof hem recht in het hart, iets wat een kogel nooit voor elkaar had gekregen. Omdat zijn lijden niets had betekend, besefte hij ineens: dertig jaar verspild.

En zo pakte Onoda in 1980 zijn spullen en vertrok naar Brazilië, waar hij tot zijn dood bleef wonen.

De zelfbewustzijn-ui

Zelfbewustzijn is als een ui. Het kent meerdere schillen en hoe meer je er afpelt, hoe groter de kans dat je op ongelegen momenten gaat huilen.

De eerste schil van de zelfbewustzijn-ui is een simpel begrip van je eigen emoties. 'Dit is wat me gelukkig maakt.' 'Dit maakt me bedroefd.' 'Dit geeft me hoop.'

Helaas zijn er heel veel mensen die al bij dit meest basale niveau van zelfbewustzijn de mist ingaan. Ik weet dat, want ik ben een van hen. Mijn vrouw en ik hebben soms een grappige woordenwisseling die zo'n beetje als volgt verloopt:

ZIJ: Wat is er?
IK: Niks. Met mij gaat het prima.
ZIJ: Nee, er is iets. Vertel het me.
IK: Er is echt niks.
ZIJ: Weet je het zeker? Je lijkt nogal van streek.
IK, *nerveus lachend*: Echt? Nee hoor, er is niets aan de hand.

(Dertig minuten later...)

IK: ... En dat is waar ik zo fucking kwaad over ben! Hij doet de helft van de tijd gewoon alsof ik niet besta.

We hebben allemaal emotioneel gezien onze blinde vlekken. Vaak hebben die te maken met de emoties die tijdens onze jeugd als ongepast werden gezien. Het kost jaren oefening en inspanning om goed te worden in het identificeren van blinde vlekken bij onszelf en om vervolgens de betreffende emoties op de juiste manier te uiten. Maar het is enorm belangrijk en het is de inspanning meer dan waard.

De tweede schil van de zelfbewustzijn-ui is het vermogen om je af te vragen waaróm we bepaalde emoties voelen.

Deze waarom-vragen zijn moeilijk en het duurt vaak maanden of zelfs jaren om ze consistent en accuraat te beantwoorden. De meeste mensen moeten naar een of andere therapeut om die vragen zelfs maar gesteld te krijgen. Dergelijke vragen zijn belangrijk omdat ze licht werpen op wat wij als een succes of een mislukking beschouwen. Waarom voel je je boos? Is dat omdat je faalde in het bereiken van een doel? Waarom voel je je lusteloos en ongeïnspireerd? Is dat omdat je denkt dat je niet goed genoeg bent?

Deze laag met vragen helpt ons begrijpen wat de grondoorzaak is van de emoties die ons overspoelen. Pas als we die grondoorzaak begrijpen, kunnen we eventueel iets doen om het te veranderen.

Maar de zelfbewustzijn-ui heeft nog een andere, diepere laag. En die zit vol fucking tranen. Deze derde schil betreft onze persoonlijke waarden: waaróm beschouw ik dit als een succes/mislukking? Volgens welke richtlijn beoordeel ik mezelf en iedereen om me heen?

Dit niveau, dat een constant vragen en heel veel inspanning vergt, is ongelooflijk moeilijk te bereiken. Maar het is wel de belangrijkste schil, want onze waarden en normen bepalen de aard van onze problemen, en de aard van onze problemen bepaalt de kwaliteit van ons leven.

Waarden liggen ten grondslag aan alles wat we zijn en doen. Als wat wij waardevol achten niet nuttig is, als wat wij als succes/mislukking beschouwen slecht gekozen is, dan zal alles wat gebaseerd is op deze waarden – de gedachten, de emoties, de alledaagse beslommeringen – uit het lood raken. Alles wat wij denken en voelen over een situatie komt uiteindelijk neer op hoe waardevol wij denken dat die is.

De meeste mensen zijn verschrikkelijk slecht in het accuraat beantwoorden van deze waarom-vragen, en dat belemmert een dieper besef van hun eigen waarden. Natuurlijk, ze zéggen misschien wel dat ze waarde hechten aan eerlijkheid en een echte vriend, maar vervolgens draaien ze zich om en beginnen achter je rug leugens over je te vertellen om zichzelf beter te voelen. Mensen kunnen het idee hebben dat ze zich eenzaam voelen, maar als ze zichzelf afvragen waaróm ze zich eenzaam voelen, leggen ze vaak de schuld bij een ander. Iedereen is gemeen, of niemand is cool of slim genoeg om hen te begrijpen. En zo omzeilen ze opnieuw hun probleem in plaats van te proberen het op te lossen.

Voor veel mensen gaat dit door voor zelfbewustzijn. Maar als ze dieper zouden graven en zouden kijken naar hun onderliggende waarden, zouden ze zien dat hun oorspronkelijke analyse was gebaseerd op het vermijden van verantwoordelijkheid voor hun eigen probleem, in plaats van het correct identificeren van het probleem. Ze zouden inzien dat hun beslissingen waren gebaseerd op het najagen van piekervaringen, niet op het genereren van waarachtig geluk.

Ook de meeste zelfhulpgoeroes negeren trouwens dit diepere niveau van zelfbewustzijn. Ze trekken klanten aan die zich ellendig voelen, want ze willen rijk worden. En vervolgens geven ze hun allerlei adviezen om meer geld te verdienen, ondertussen de belangrijke waardenvragen negerend: waaróm voelen ze eigenlijk die behoefte om rijk te worden? Wat zijn hun normen betreffende succes/mislukking? Zou niet één specifieke waarde de grondoorzaak kunnen zijn voor hun ongelukkig-zijn, en niet het feit dat ze nog steeds geen Bentley hebben?

Veel van de adviezen in dat wereldje zijn niet erg diepzinnig en zijn slechts bedoeld om mensen op korte termijn een beter gevoel te geven, terwijl de echte langetermijnproblemen nooit worden opgelost. De percepties en gevoelens van mensen mogen dan misschien veranderen, maar de onderliggende waarden, en de maatstaf om deze waarden te beoordelen, blijven hetzelfde. Dat is niet echt vooruitgang. Het is gewoon een andere manier om meer piekmomenten te bereiken.

Jezelf eerlijk ter discussie stellen is moeilijk. Het vereist dat je jezelf simpele vragen stelt die tot ongemakkelijke antwoorden kunnen leiden. Mijn ervaring is trouwens dat hoe ongemakkelijker het antwoord is, hoe groter de kans dat het waar is.

Neem even de tijd en denk aan iets wat je echt dwarszit. Vraag jezelf nu af waaróm het je dwarszit. Grote kans dat het antwoord met een of andere mislukking te maken heeft. Neem nu die mislukking en vraag jezelf af waarom die jou 'reëel' lijkt. Stel dat die mislukking eigenlijk niet echt een mislukking was? Stel dat je er op de verkeerde manier tegen aan hebt gekeken?

Hier volgt een recent voorbeeld uit mijn eigen leven:

'Het zit me dwars dat mijn broer mijn sms'jes en e-mails niet beantwoordt.'

Waarom?

'Omdat het me het gevoel geeft dat hij geen reet om me geeft.'

Waarom denk je dat dit zo is?

'Omdat als hij een goede relatie met mij zou willen, hij wel tien seconden per dag zou hebben uitgetrokken om met mij te communiceren.'

Waarom voelt dit ontbreken van een goede relatie tussen jou en hem als falen?

'Omdat we broers zijn; wij horen een goede relatie te hebben!'

Er spelen hier twee zaken: een waarde die ik hoogacht, en een maatstaf die ik gebruik om de vorderingen richting die waarde te beoordelen. Mijn waarde: broers horen een goede relatie met elkaar te hebben. Mijn maatstaf: per telefoon of e-mail contact met elkaar hebben – daaraan meet ik mijn succes als broer af. Door aan deze maatstaf vast te houden, krijg ik het gevoel dat ik faal, wat af en toe mijn zaterdagochtenden verpest.

We zouden dit zelfs nog wat verder kunnen doorvoeren:

Waarom zouden broers een goede relatie moeten hebben?
'Omdat ze familie zijn en familieleden horen een sterke band met elkaar te hebben.'
Hoezo dat?
'Omdat een sterke band met je familie "normaal" is en "gezond", en ik heb die niet.'

Ik ben in deze discussie duidelijk over mijn onderliggende waarde – een goede relatie met mijn broer hebben – maar ik worstel nog steeds met mijn maatstaf. Ik heb het een andere naam gegeven, 'een sterke band', maar de maatstaf is niet echt veranderd: ik beoordeel mezelf als broer nog steeds op basis van de frequentie van het contact; en ik vergelijk me via die maatstaf met andere mensen die ik ken. Alle anderen (zo lijkt het althans) hebben een intieme band met hun familieleden, en ik heb die niet. Dus is het nogal duidelijk dat er iets aan mij mankeert.

Maar stel nu eens dat ik een armzalige maatstaf voor mezelf en mijn leven heb gekozen? Zou ik iets over het hoofd zien, iets wat ook waar zou kunnen zijn? Misschien hoef ik bijvoorbeeld helemaal niet close te zijn met mijn broer om die goede relatie te hebben waar ik zoveel waarde aan hecht. Misschien hoeft er alleen maar wat wederzijds respect te zijn (wat er ook is). Of misschien is wederzijds vertrouwen waar het om gaat (en dat is er). Misschien is dat een betere maatstaf voor broederliefde dan de hoeveelheid sms'jes die hij en ik uitwisselen.

Dit lijkt logisch; het lijkt me valide. Maar het doet nog steeds fucking veel pijn dat mijn broer en ik geen intieme band met elkaar lijken te hebben. En ik kan daar geen positieve draai aan geven. Soms hebben broers – zelfs broers die van elkaar houden – geen intieme relatie, en dat is prima. Het is in het begin misschien moeilijk te accepteren, maar dat is prima. Wat objectief waar is betreffende jouw situatie is minder belangrijk dan hoe jij de situatie uiteindelijk ziet, hoe jij verkiest die in te schatten en te waarderen. Problemen mogen dan onvermijdelijk zijn, maar de *betekenis* van elk probleem is dat niet. We moeten grip krijgen op wat onze problemen betekenen door zelf te bepalen hoe wij ze interpreteren en welke maatstaf we gebruiken om ze te beoordelen.

Problemen van een rockster

In 1983 werd een talentvolle jonge gitarist op de slechtst denkbare manier uit zijn band geschopt. De band had net een platencontract getekend en ze stonden op het punt hun eerste album op te nemen. Maar een paar dagen voordat de opnamen begonnen, wees de band de gitarist de deur – zonder waarschuwing, zonder discussie, zonder dramatische ontknoping; ze maakten het hem duidelijk door hem op zekere dag een buskaartje richting huis te geven.

Toen hij in de bus van New York terug naar Los Angeles zat, bleef de gitarist zich onophoudelijk dezelfde vragen stellen: hoe kon dit gebeuren? Wat heb ik verkeerd gedaan? Hoe moet het nu verder? Het regende nou niet bepaald platencontracten, en al zeker niet voor ruige, net beginnende metalbands. Had hij zijn enige kans verprutst?

Maar tegen de tijd dat de bus Los Angeles binnenreed, was de gitarist over zijn zelfmedelijden heen en bezwoer hij zichzelf dat hij een nieuwe band zou beginnen. Hij nam zich voor dat deze nieuwe band zo succesvol zou worden dat zijn oude bandleden voor altijd spijt zouden hebben van hun beslissing. Hij zou zo beroemd worden dat ze ertoe zouden worden veroordeeld hem tientallen jaren op tv te zien, op de radio te horen en foto's en posters van hem te zien. Terwijl hij live op tv in grote stadions optrad, zouden zij ergens hun hamburgers naar binnen werken, hun bestelbusje volladen na het zoveelste optreden in een shitty club, en dik en dronken naar hun lelijke vrouwen terugkeren. Hij zou zich wentelen in de tranen van zijn verraders, elke traan weggeveegd met een knisperend nieuw honderddollarbiljet.

En zo werkte de gitarist alsof de duivel hem op de hielen zat. Hij was maanden bezig met het rekruteren van de beste musici die hij maar kon vinden – veel betere musici dan zijn vroegere bandleden. Hij schreef tientallen songs en oefende als een bezetene. Zijn ziedende woede was de brandstof voor zijn ambitie; wraak werd zijn muze. Binnen een paar jaar had zijn nieuwe band een megacontract binnengesleept en een jaar daarna hadden ze hun eerste gouden plaat.

De naam van de gitarist was Dave Mustaine en de nieuwe band die hij formeerde, was de legendarische heavymetalband Megadeth. Megadeth zou uiteindelijk meer dan 25 miljoen albums verkopen en vele malen op wereldtournee gaan. Tegenwoordig wordt Mustaine gezien als een van de briljantste en meest invloedrijke musici uit de geschiedenis van de heavy metal.

Helaas was de band waar hij uit werd geschopt Metallica, die wereldwijd 180 miljoen albums heeft verkocht. Metallica wordt door veel mensen beschouwd als een van de grootste rockbands ooit.

En dat was ook de reden dat Mustaine, in een zeldzaam en diepgaand interview in 2003, toegaf dat hij zichzelf nog steeds als een mislukking zag. Ondanks alles wat hij had bereikt, zou hij voor zichzelf toch altijd de jongen blijven die uit Metallica was geschopt.

Wij zijn apen. We denken dat we heel beschaafd zijn, met onze magnetrons en onze designerschoenen, maar we zijn niet meer dan een groep mooi opgetuigde apen. En omdat we apen zijn, meten we onszelf instinctief af aan anderen en wedijveren we om status. De vraag is niet óf we onszelf afmeten aan anderen; de vraag is welke maatstaven we gebruiken om onszelf de maat te nemen.

Of hij het zich nu realiseerde of niet, voor Dave Mustaine gold alleen maar of hij succesvoller en populairder was dan Metallica. Dat hij uit zijn vroegere band was gegooid, was zo'n pijnlijke ervaring dat hij 'succes in vergelijking met Metallica' adopteerde als de maatstaf waarmee hij zichzelf en zijn muziekcarrière beoordeelde.

Hoewel hij een afschuwelijke gebeurtenis in zijn leven een positieve wending had gegeven, zoals Mustaine deed met Megadeth, bleef zijn keuze om Metallica's succes als allesbepalende maatstaf te kiezen hem nog decennialang kwellen. Ondanks al het geld en de fans en de loftuitingen bleef hij zichzelf zien als een mislukking.

Jij en ik zullen nu misschien lachen om Dave Mustaines situatie. Hier heb je een gast met miljoenen dollars, honderdduizenden trouwe fans, een carrière waarin hij kan doen waar hij het meest van houdt, en toch blijft hij maar janken over het feit dat zijn maten van twintig jaar geleden nog veel beroemder zijn dan hij.

Dat komt doordat jij en ik er andere waarden op na houden dan Mustaine en doordat we onszelf langs een andere meetlat leggen. Onze maatstaven zijn waarschijnlijk meer iets in de trant van 'Ik wil niet werken voor een baas die ik haat' of 'Ik wil genoeg geld verdienen om mijn kinderen naar een goede school te kunnen sturen' of 'Ik ben al blij als ik niet in de goot beland'. En afgemeten aan deze maatstaven is Mustaine echt ongelooflijk succesvol. Maar volgens zijn maatstaf – 'Populairder en succesvoller zijn dan Metallica' – is hij een mislukking.

Onze waarden bepalen de maatstaven waarmee we onszelf en iedereen om ons heen beoordelen. Onoda's waarde van loyaliteit aan het Japanse keizerrijk is wat hem op Lubang bijna dertig jaar op de been hield. Maar diezelfde waarde maakte ook dat hij zich bij terugkeer in Japan ellendig voelde. Mustaines maatstaf van beter zijn dan Metallica heeft hem waarschijnlijk geholpen een ongelooflijk succesvolle muzikale carrière op te bouwen. Maar diezelfde maatstaf was later, ondanks al zijn succes, een kwelling voor hem.

Als je wilt veranderen hoe je tegen je problemen aankijkt, zul je moeten veranderen waar jij waarde aan hecht en/of waar jij mislukking/succes aan afmeet.

Laten we als voorbeeld een andere musicus nemen die uit een andere band werd getrapt. Zijn verhaal lijkt griezelig veel op dat van Dave Mustaine, hoewel het zich twee decennia eerder afspeelde.

Het was 1962 en er was veel ophef over een nieuwe, veelbelovende band uit Liverpool. Deze band had rare kapsels en een nog veel vreemdere naam, maar hun muziek was onmiskenbaar goed en de platenindustrie begon dat eindelijk in de gaten te krijgen.

Je had John, de leadsinger en songwriter; Paul, de bassist met zijn jongensachtige, romantische uiterlijk; George, de rebelse leadgitarist. En dan was er ook nog een drummer.

Hij zag er volgens iedereen het beste uit van allemaal – de meisjes waren dol op hem en het was zijn gezicht dat als eerste in de tijdschriften opdook. Hij was ook het meest professionele bandlid. Hij gebruikte geen drugs. Hij had een vaste vriendin. Er waren zelfs wat mensen in driedelige pakken die vonden dat hij het gezicht van de band zou moeten zijn, en niet John of Paul.

Zijn naam was Pete Best. En in 1962, nadat ze hun eerste platencontract hadden binnengesleept, staken de drie overige leden van The Beatles de koppen bij elkaar en vroegen hun manager, Brian Epstein, hem te ontslaan. Epstein zat met die beslissing in zijn maag. Hij mocht Pete en hield dus de beslissing af, in de hoop dat de andere drie van mening zouden veranderen.

Maanden later, slechts drie dagen voordat de opnamen voor hun nieuwe plaat begonnen, riep Epstein eindelijk Pete Best bij zich op kantoor. Daar vertelde de manager hem zonder omwegen dat hij op moest rotten en maar een andere band moest zoeken. Er was geen reden, geen uitleg, geen spijtbetuiging – hij kreeg slechts te horen dat de andere jongens hem niet meer wilden, dus, eh, veel geluk verder.

De band kwam als vervanger met een of andere snuiter genaamd Ringo Starr. Ringo was ouder en had een grote, grappige neus. Ringo stemde ermee in zich hetzelfde lelijke kapsel als John, Paul en George aan te meten en eiste het recht op om songs te mogen schrijven over octopussen en onderzeeërs. De andere jongens zeiden ja, natuurlijk, fuck, waarom ook niet.

Binnen zes maanden na het ontslag van Best barstte de beatlemania los en werden John, Paul, George en Ringo vier van de beroemdste gezichten op deze planeet.

Ondertussen raakte Best begrijpelijkerwijs in een diepe depressie en deed hij eigenlijk alleen nog maar wat iedere Engelsman doet als je hem daar een reden voor geeft: drinken.

De rest van de jaren zestig waren Pete Best niet goedgezind. Rond 1965 had hij twee van The Beatles aangeklaagd wegens laster en al zijn muzikale projecten waren op niets uitgelopen. In 1968 wilde hij zelfmoord plegen, maar werd daar door zijn moeder van weerhouden. Zijn leven was een puinhoop.

Best maakte niet dezelfde verlossende ontwikkeling door als Dave Mustaine. Hij werd nooit een wereldwijde superster en verdiende ook geen miljoenen dollars. Maar toch was Best uiteindelijk beter af dan Mustaine. In een interview uit 1994 zei Best: 'Ik ben gelukkiger dan ik met The Beatles zou zijn geweest.'

Wat krijgen we nou?

Misschien moeten we erbij vertellen dat het uit The Beatles geschopt worden er uiteindelijk toe leidde dat hij zijn vrouw ontmoette. En vervolgens leidde zijn huwelijk tot het krijgen van kinderen. Zijn waarden veranderden. Hij begon zijn leven anders te beoordelen. Roem en rijkdom zouden mooi zijn geweest, zeker – maar hij besloot dat wat hij al had, belangrijker was: een groot en liefhebbend gezin, een stabiel huwelijk, een simpel leven. Hij trad zelfs nog steeds op als drummer en toerde tot ver na 2000 door Europa en maakte platen. Dus wat was er nu eigenlijk verloren gegaan? Alleen maar een heleboel aandacht en bewieroking, terwijl wat hij ermee gewonnen had zoveel meer voor hem betekende.

Deze verhalen lijken erop te wijzen dat sommige waarden en maatstaven beter zijn dan andere. Sommige leiden tot goede problemen die makkelijk en vrijwel altijd zijn op te lossen. Andere leiden tot slechte problemen die niet zo makkelijk en veel minder vaak zijn op te lossen.

Beroerde waarden

Er is een handvol veelvoorkomende kernwaarden die echt akelige problemen voor mensen veroorzaken – problemen die nauwelijks zijn op te lossen. Laten we er dus maar eens gauw een paar bekijken.

1. *Genot.* Genot is fantastisch, maar het is een afschuwelijke waarde om er je leven rond op te bouwen. Vraag aan een willekeurige drugsverslaafde waar zijn jacht op genot toe heeft geleid. Vraag een overspelige vrouw die haar gezin kapot heeft gemaakt en haar kinderen kwijt is of het genot haar uiteindelijk gelukkig heeft gemaakt. Vraag een man die zichzelf bijna dood heeft gegeten of zijn genot heeft geholpen zijn problemen op te lossen.
   Genot is een valse god. Uit onderzoek blijkt dat mensen die hun energie richten op oppervlakkige pleziertjes, uiteindelijk veel meer stress hebben en emotioneel onstabieler en depressiever zijn. Genot is de meest oppervlakkige vorm van levensvreugde en is daarom het makkelijkst te verkrijgen en het makkelijkst ook weer kwijt te raken.
   En toch is genot wat vierentwintig uur per dag aan ons gepromoot wordt. Het is waar we ons op fixeren. Het is wat we gebruiken om onszelf te verdoven en af te leiden. Maar hoewel genot noodzakelijk is in het leven (in bepaalde doses), is het niet voldoende.
   Genot is niet de oorzaak van ons geluk; het is er eerder een gevolg van. Als je de rest goed op een rijtje hebt (de andere waarden en maatstaven), dan zal genot vanzelf volgen, als een natuurlijk bijproduct.
2. *Materieel succes.* Veel mensen meten hun eigenwaarde af aan hoeveel geld ze verdienen of welke auto ze hebben of dat hun

grasveld groener is dan dat van de buren.

Onderzoek toont aan dat als eenmaal is voorzien in de basisbehoeften (eten, onderdak, enzovoort), de correlatie tussen geluk en aards succes snel de nul nadert. Dus als je in India op straat leeft en honger lijdt, zal een extra tienduizend dollar per jaar je geluk behoorlijk beïnvloeden. Maar als je tot de gegoede middenklasse in een ontwikkeld land behoort, zal een extra tienduizend dollar per jaar eigenlijk nauwelijks iets veranderen. Wat betekent dat al dat geploeter en al dat overwerken in wezen niets oplevert.

Een ander gevaar van het overwaarderen van materieel succes is dat je het gaat stellen boven andere waarden als eerlijkheid, geweldloosheid en compassie. Als mensen zichzelf niet beoordelen op hun gedrag, maar op de statussymbolen die ze weten te verzamelen, zijn ze niet alleen oppervlakkig, maar waarschijnlijk ook nog klootzakken.

3. *Altijd gelijk hebben.* Ons brein is een inefficiënte machine. We maken constant de verkeerde aannames, schatten waarschijnlijkheden verkeerd in, onthouden de feiten niet goed, laten ons leiden door vooringenomenheid en nemen besluiten gebaseerd op onze emotionele opwellingen. Wij mensen hebben het bijna voortdurend bij het verkeerde eind, dus als gelijk hebben je maatstaf voor succes is – nou, dan ga je het nog heel zwaar krijgen met het tegenover jezelf goedpraten van al die onzin.

   Mensen die hun eigenwaarde baseren op het in alles gelijk hebben, ontnemen zichzelf de kans te leren van hun fouten. Ze ontberen het vermogen om nieuwe gezichtspunten te ontwikkelen en open te staan voor anderen. Ze sluiten zichzelf af voor nieuwe en belangrijke informatie.

   Het is veel nuttiger om ervan uit te gaan dat je eigenlijk nog helemaal niet zoveel weet. Het maakt dat je je minder laat leiden door oppervlakkige of ongefundeerde overtuigingen en het bevordert een permanente staat van leren en groeien.

4. *Positief blijven.* Dan heb je nog de mensen die hun leven afmeten aan het vermogen om positief te zijn over, nou ja, ongeveer alles. Je baan verloren? Fantastisch! Dat is een mooie gelegenheid om je passies te ontdekken. Je echtgenoot heeft je bedrogen met je zus? Nou, je weet nu in elk geval wat je echt betekent voor de mensen om je heen. Je kind sterft aan keelkanker? Je hoeft nu in elk geval geen schoolgeld meer te betalen!

   Hoewel er best iets te zeggen valt voor 'het leven van de zonnige kant zien', is het leven nu eenmaal soms een ramp, en het is goed dat ook toe te geven.

   Negatieve emoties ontkennen leidt tot diepere en langduriger negatieve emoties en tot emotioneel disfunctioneren. Voortdurend positief zijn is een vorm van vermijden en geen valide oplossing voor de echte problemen in je leven – problemen trouwens die je, mits je de juiste waarden en maatstaven kiest, zouden moeten inspireren en motiveren.

   Het is eigenlijk heel simpel: dingen lopen fout, mensen maken ons van streek, ongelukken gebeuren. Dat soort zaken geeft ons een beroerd gevoel. En dat is prima. Negatieve emoties zijn een noodzakelijke component van emotionele gezondheid. Negativiteit ontkennen maakt dat je problemen *bestendigt* in plaats van ze oplost.

   De truc met negatieve emoties is om 1) ze te uiten op een sociaal acceptabele en gezonde manier en 2) ze te uiten op een manier die niet botst met je kernwaarden. Simpel voorbeeld: een van mijn kernwaarden is geweldloosheid, en niet slaan is daarbij een belangrijke maatstaf. Als ik kwaad word op iemand, uit ik die woede, maar ik waak ervoor mijn tegenstander een klap op zijn bek te geven. Een radicaal idee, ik weet het. Maar de woede is niet het probleem. Woede is een natuurlijk iets. Woede hoort bij het leven. Woede is in veel situaties juist heel gezond. (Vergeet niet dat emoties alleen maar een vorm van feedback zijn.)

Mensen een klap geven, dat is het probleem. Niet de woede. De woede is slechts de boodschapper van mijn vuist op jouw kaak. Veroordeel niet de boodschapper. Veroordeel mijn vuist (of jouw gezicht).

Als we onszelf dwingen altijd maar positief te zijn, ontkennen we het bestaan van problemen in ons leven. En als we onze problemen ontkennen, ontnemen we onszelf de kans ze op te lossen en geluk te genereren. Problemen voegen betekenis en belang aan ons leven toe. Als we dus voor onze problemen wegduiken, leiden we een betekenisloos bestaan (zelfs als dat best plezierig lijkt).

Een marathon uitlopen maakt ons uiteindelijk gelukkiger dan het eten van een chocoladetaart. Een kind opvoeden maakt ons gelukkiger dan een videogame winnen. Samen met vrienden met veel geploeter een bedrijfje oprichten, maakt gelukkiger dan een nieuwe computer kopen. Deze activiteiten zijn stressvol, zwaar en vaak onplezierig. Je moet ook vele problemen het hoofd bieden. Toch zijn het vaak de meest zinvolle en vreugdevolle dingen die we in ons leven meemaken. Ze gaan gepaard met pijn, grote krachtsinspanningen, ja, zelfs woede en wanhoop – maar eenmaal volbracht, kijken we er vol trots op terug en vertellen we er later met omfloerste ogen onze kleinkinderen over.

Zoals Freud al zei: 'Als je op een dag terugblikt, zullen die jaren van worsteling uiteindelijk de mooiste blijken.'

Dat is ook de reden dat deze waarden – genot, materieel succes, altijd gelijk hebben, positief blijven – in wezen armzalige idealen zijn. Een aantal van de mooiste momenten in je leven is níét plezierig, níét succesvol, níét rationeel, níét positief.

Het gaat erom dat je voor jezelf enkele goede waarden en maatstaven definieert, want dan zullen genot en succes daar als vanzelf uit voortvloeien. Dat soort zaken zijn bijwerkingen van goede waarden. Zo niet, dan jaag je slechts een betekenisloze roes na.

Hoe definieer je goede en slechte waarden

Goede waarden zijn 1) realistisch, 2) sociaal constructief, en 3) inherent en beheersbaar.

Slechte waarden zijn 1) denkbeeldig, 2) sociaal destructief, en 3) niet inherent of beheersbaar.

Eerlijkheid is een goede waarde omdat het iets is waar je totale controle over hebt, het weerspiegelt de werkelijkheid en het komt ten goede aan anderen (ook al is het niet altijd even plezierig). Populariteit daarentegen is een slechte waarde. Als dat jouw waarde is en als je maatstaf is dat je de populairste figuur op een feestje bent, zal veel van wat er gebeurt buiten jouw controle vallen: je weet niet wie er verder nog op dat feest verschijnt en je kent waarschijnlijk de helft van de mensen niet. Ten tweede is de waarde/maatstaf niet op de realiteit gebaseerd: je voelt je misschien populair of juist niet, terwijl je in feite geen idee hebt hoe anderen werkelijk over je denken. (Mensen die doodsbang zijn voor wat anderen van hen denken, zijn vooral doodsbang voor de negatieve gedachten die ze over zichzelf hebben en die ze in de reactie van anderen denken terug te zien, maar dit terzijde.)

Een paar voorbeelden van goede, gezonde waarden: eerlijkheid, innovatie, kwetsbaarheid, voor jezelf opkomen, voor anderen opkomen, zelfrespect, nieuwsgierigheid, barmhartigheid, nederigheid, creativiteit.

Een paar voorbeelden van slechte, ongezonde waarden: dominantie via manipulatie of geweld, ongenuanceerd om je heen slaan, je altijd maar goed voelen, altijd in het middelpunt van de belangstelling staan, niet alleen kunnen zijn, door iedereen aardig gevonden worden, rijk worden om het rijk worden, kleine dieren offeren aan heidense goden.

Je zult merken dat goede, gezonde waarden van binnenuit komen. Waarden als creativiteit of nederigheid kun je nu, op dit moment ervaren. Het is slechts een kwestie van een knop omzetten in je hoofd. Deze waarden zijn inherent en beheersbaar en zijn gebaseerd op de wereld zoals die is, in plaats van op die welke jij graag zou wensen.

Slechte waarden hebben vaak een associatie met externe gebeurtenissen – in een privéjet vliegen, alsmaar te horen krijgen dat je gelijk hebt, een huis op de Bahama's hebben, een stuk pizza eten terwijl je door drie strippers gepijpt wordt. Slechte waarden mogen dan soms leuk of prettig zijn, maar je hebt er geen controle over en ze zijn vaak alleen maar bereikbaar via sociaal destructieve of denkbeeldige middelen.

Waarden gaan over prioriteiten stellen. Iedereen wil wel een lekkere pizza of een huis op de Bahama's. De vraag is wat jouw prioriteiten zijn. Wat zijn je kernwaarden, de waarden die je besluitvorming meer dan wat dan ook beïnvloeden.

Hiroo Onoda's kernwaarde was complete loyaliteit en dienstbaarheid aan het Japanse keizerrijk. Niet om het een of ander, maar deze waarde stonk erger dan rotte sushi. Ze zadelde Hiroo met een paar serieuze problemen op – hij zat namelijk vast op een afgelegen eiland waar hij dertig jaar lang leefde van insecten en wormen. O ja, en hij voelde zich ook nog geroepen onschuldige burgers te vermoorden. Dus hoewel Hiroo zichzelf als een succes zag en aan zijn eigen maatstaven voldeed, zijn we het er denk ik allemaal over eens dat zijn leven in wezen een ramp was – niemand zou in zijn schoenen willen staan en we zouden dat ook niemand aanbevelen.

Dave Mustaine vergaarde veel roem en glorie en zag zichzelf toch als een mislukking. Hij baseerde zijn kernwaarde namelijk op een nogal arbitraire maatstaf als het succes van anderen. Deze waarde zorgde voor onoverkomelijke problemen als 'Ik moet nog minstens 150 miljoen platen verkopen; pas dan zal alles oké zijn' en 'Met mijn volgende tournee moet ik stadions vullen' – problemen die hij dacht te moeten oplossen teneinde gelukkig te worden. Geen wonder dat hij dat niet was.

Pete Best daarentegen gooide het over een heel andere boeg. Hoewel hij wanhopig en depressief was toen hij uit The Beatles werd geschopt, leerde hij later opnieuw zijn prioriteiten te stellen en was hij in staat zijn leven in een nieuw licht te zien. Best ontwikkelde zich daardoor tot een gelukkige en gezonde man met een prettig leven en een fantastisch gezin – dingen waar de vier Beatles ironisch genoeg nog decennialang hun best voor moesten doen.

Als we slechte waarden hebben – dat wil zeggen slechte maatstaven die we onszelf en anderen opleggen – geven we in feite fucks om dingen die niet belangrijk zijn, dingen die ons leven slechter maken. Maar als we betere waarden kiezen, zijn we in staat onze fucks aan iets beters te besteden – aan zaken die ertoe doen, zaken die ons welzijn bevorderen en die als bijwerking hebben dat we geluk, genot en succes ervaren.

Dit is, in een notendop, wat 'zelfverbetering' inhoudt: prioriteit geven aan betere waarden, betere dingen kiezen om een fuck om te geven. Want als je betere fucks geeft, krijg je betere problemen. En als je betere problemen hebt, krijg je een beter leven.

In de rest van dit boek behandel ik vijf tegen de intuïtie indruisende waarden, waarvan ik denk dat ze al met al de meest zinvolle waarden zijn. Ze hebben allemaal te maken met de wet van de omkering waar we het eerder over hadden, in zoverre dat ze 'negatief' zijn. Ze vereisen allemaal een confrontatie met dieper liggende problemen en niet het omzeilen daarvan via kortstondige piekervaringen. Deze vijf waarden zijn zowel onconventioneel als ongemakkelijk. Voor mij zijn ze van levensbelang.

De eerste, die we in het volgende hoofdstuk zullen behandelen, is een radicale vorm van verantwoordelijkheid: de verantwoordelijkheid nemen voor alles wat zich in je leven voordoet, ongeacht wiens fout het is. De tweede is onzekerheid: het besef van je eigen onwetendheid en het koesteren van constante twijfel over je eigen overtuigingen. De volgende is falen: de bereidheid om je eigen tekortkomingen en fouten te ontdekken, zodat je daar verbetering in kunt aanbrengen. De vierde is afwijzing: in staat zijn zowel nee te zeggen als te horen, daarmee duidelijk definiërend wat je wel en niet accepteert in je leven. De laatste waarde is het besef van je eigen sterfelijkheid; dit is van cruciaal belang, want je eigen dood onder ogen zien is misschien wel het enige wat maakt dat we al onze waarden in het juiste perspectief blijven zien.

HOOFDSTUK 5

Je maakt altijd keuzes

Stel je voor dat iemand je onder bedreiging van een pistool vertelt dat je de marathon binnen vijf uur moet lopen omdat hij anders jou en je gezin zal vermoorden.

Dat zou balen zijn.

Of stel je voor dat je mooie hardloopschoenen en -kleding hebt aangeschaft, dat je maandenlang als een gek hebt getraind en dat je onder veel gejuich van je familie en vrienden je eerste marathon voltooit.

Dat zou weleens een van de mooiste momenten uit je leven kunnen zijn.

Precies diezelfde 42 kilometer en nog wat. Precies dezelfde persoon die ze aflegt. Precies dezelfde pijn die door precies diezelfde benen vloeit. Maar als je er zelf voor kiest en je er uit eigen wil op voorbereidt, is het een glorieuze en belangrijke mijlpaal in je leven. Als het je tegen je wil opgedrongen wordt, is het een van de afschuwelijkste en pijnlijkste ervaringen in je leven.

Vaak is het enige verschil tussen een pijnlijk dan wel een uitdagend probleem dat je het gevoel hebt dat je het zelf hebt gekozen, en dat je er verantwoordelijk voor bent.

Als je je ongelukkig voelt bij je huidige situatie, komt dat vaak doordat je het gevoel hebt dat je er niet echt de controle over hebt – dat er een probleem is dat jij niet in staat bent op te lossen, een probleem dat jou min of meer is opgedrongen, waar je niet zelf voor hebt gekozen.

Als we het gevoel hebben dat we zelf onze problemen kiezen, geeft dat macht. Als we het gevoel hebben dat onze problemen ons tegen onze wil worden opgedrongen, voelen we ons geslachtofferd en ellendig.

De keus

William James had problemen. Echt serieuze problemen.

Hoewel afkomstig uit een rijke en vooraanstaande familie, leed James al vanaf zijn geboorte aan levensbedreigende ziektes: een oogaandoening die hem als kind tijdelijk blind maakte; afschuwelijke maagproblemen die excessief overgeven veroorzaakten en hem dwongen tot een obscuur en uiterst streng dieet; problemen met zijn gehoor; rugproblemen die zo erg waren dat hij vaak dagen niet kon zitten of staan.

Het gevolg van zijn zwakke gezondheid was dat James voornamelijk thuiszat. Hij had maar weinig vrienden en hij was ook niet bijster goed op school. Hij stortte zich dus maar op het schilderen. Dat was het enige wat hij leuk vond en het enige waar hij volgens zichzelf goed in was.

Helaas deelde verder niemand die mening en hij kon zijn werk aan de straatstenen niet kwijt. En met het verstrijken der jaren begon zijn vader (een rijke zakenman) hem steeds meer te confronteren met zijn zogenaamde luiheid en gebrek aan talent.

Ondertussen ontwikkelde zijn jongere broer, Henry James, zich tot een wereldberoemd schrijver; zijn zus, Alice James, kon ook goed rondkomen van haar schrijverschap. William was het lachertje, het zwarte schaap van de familie.

In een wanhopige poging de toekomst van de jonge man te redden, schakelde Williams vader zijn zakenconnecties in om hem toegelaten te krijgen tot de medische faculteit van Harvard. Het was zijn laatste kans, vertelde zijn vader hem. Als hij dit verpestte, kon hij het verder vergeten.

Maar James voelde zich nooit thuis of op zijn gemak op Harvard. De medicijnstudie trok hem totaal niet. Hij had het gevoel dat hij de kluit belazerde, want als hij zijn eigen problemen al niet kon oplossen, hoe kon hij dan ooit hopen voldoende energie te hebben om die van anderen op te lossen? Na een bezoek aan een psychiatrische inrichting mijmerde James in zijn dagboek dat hij eigenlijk meer gemeen had met de patiënten dan met de artsen.

Na enkele jaren hield James de studie voor gezien, dit opnieuw zeer tegen de zin van zijn vader. Om niet weer in een eindeloze ruzie terecht te komen, besloot hij te vertrekken: hij schreef zich in voor een antropologische expeditie naar het regenwoud van de Amazone.

Dat was rond 1860, in een tijd dat transcontinentale reizen nog heel ingewikkeld en gevaarlijk waren. Ik weet niet of je ooit Oregon Trail op je computer hebt gespeeld, maar daar had het wel iets van weg, met al die dysenterie en verdrinkende koeien en zo.

Maar goed, James bereikte de Amazone, waar het avontuur pas echt zou beginnen. De hele reis daarheen had zijn fragiele gezondheid hem trouwens geen parten gespeeld. Maar zodra hij daar aankwam, op de eerste dag van de expeditie, kreeg hij direct de pokken en dat werd bijna zijn dood.

Daarna keerden de rugklachten weer terug en dat was zo pijnlijk dat James bijna niet meer kon lopen. Hij was inmiddels dankzij de pokken zwaar vermagerd, kon dankzij zijn rug nauwelijks bewegen en werd midden in Zuid-Amerika aan zijn lot overgelaten (de rest van de expeditie was zonder hem verder getrokken), zonder enig idee hoe hij weer thuis moest komen – een reis die maanden zou duren en hem waarschijnlijk alsnog de dood in zou jagen.

Maar hij slaagde er uiteindelijk toch in terug te keren naar New England, waar hij werd opgewacht door een zo mogelijk nog teleurgesteldere vader. De jonge man was inmiddels zo jong niet meer – hij was bijna dertig, nog steeds werkloos, had gefaald in alles wat hij ondernam, met een lichaam dat hem voortdurend in de steek liet en dat waarschijnlijk ook zou blijven doen. Ondanks alle voordelen en kansen die hij in het leven had gekregen, was het toch niets geworden. De enige constanten in zijn leven leken lijden en teleurstelling. James raakte in een diepe depressie en dacht zelfs aan zelfmoord.

Maar toen hij op een avond een essay zat te lezen van de filosoof Charles Peirce, besloot James een simpel experiment uit te voeren. Hij schreef in zijn dagboek dat hij een jaar lang met de overtuiging zou leven dat hij voor 100 procent verantwoordelijk was voor alles wat er in zijn leven gebeurde, wat dat ook was. In die periode zou hij alles doen wat in zijn macht lag om zijn omstandigheden te veranderen, ook al was de kans groot dat hij zou falen. Als er in dat jaar niets verbeterde, stond hij kennelijk machteloos tegenover de omstandigheden om hem heen en zou hij zich van het leven beroven.

De moraal van het verhaal? William James werd uiteindelijk de grondlegger van de Amerikaanse psychologie. Zijn werk is vertaald in vele talen en hij wordt gezien als een van de meest invloedrijke intellectuelen/filosofen/psychologen van zijn generatie. Hij doceerde aan Harvard en hield overal in Amerika en Europa lezingen. Hij trouwde en kreeg vijf kinderen (van wie eentje, Henry, een beroemde biograaf zou worden en een Pulitzer Prize zou winnen). James zou later naar zijn kleine experiment verwijzen als zijn 'wedergeboorte', waar alles wat hij later in zijn leven bereikte aan te danken was geweest.

Er is een simpel besef waaruit alle persoonlijke groei en vooruitgang voortvloeit. Dat is het besef dat we persoonlijk verantwoordelijk zijn voor alles wat er in ons leven gebeurt, ongeacht de externe omstandigheden.

We hebben niet altijd controle over wat ons overkomt. Maar we kunnen *altijd* zelf bepalen hoe we interpreteren wat ons overkomt, en ook hoe we daarop reageren.

Of we het nu bewust erkennen of niet, we zijn altijd verantwoordelijk voor onze ervaringen. Het is onmogelijk dat niet te zijn. Als we ervoor kiezen om gebeurtenissen in ons leven niet bewust te interpreteren, is dat nog steeds een interpretatie van de gebeurtenissen in ons leven. Zelfs als je wordt aangereden door een bus met schoolkinderen die je vervolgens hard staan uit te lachen, is het nog steeds jouw verantwoordelijkheid om de betekenis van dat voorval te interpreteren en een reactie te kiezen.

Of we het nu leuk vinden of niet, we spelen *altijd* een actieve rol in wat ons overkomt en hoe we dat opvatten. We interpreteren de betekenis van elk moment en elk voorval. We kiezen altijd de waarden waarnaar we leven en de maatstaven waaraan we afmeten wat ons overkomt. Eenzelfde voorval kan vaak zowel goed als slecht zijn, al naargelang de maatstaf die we kiezen.

Het punt is dat we *altijd* kiezen, of we dat nu beseffen of niet. Altijd.

Het komt erop neer dat er in feite niet zoiets bestaat als er geen fuck om geven. Dat is onmogelijk. We moeten allemaal ergens een fuck om geven. Als je *nergens* een fuck om geeft, geef je nog steeds *ergens* een fuck om.

De vraag waar het om gaat, is: waar willen we een fuck om geven? Welke waarden kiezen we om onze daden op te baseren? Welke maatstaven kiezen we om ons leven aan af te meten? En zijn dat *goede* keuzes – goede waarden en goede maatstaven?

De drogreden van verantwoordelijkheid/schuld

Jaren geleden, toen ik nog jong en onnozel was, schreef ik een blogpost die ik afsloot met de woorden: 'En zoals een groot filosoof ooit zei: "Met grote kracht komt grote verantwoordelijkheid."' Het klonk goed en overtuigend. Ik wist niet wie het gezegd had, en googelen leverde ook niets op, maar ik liet het toch staan. Ik vond het wel toepasselijk.

Al tien minuten later kwam het eerste commentaar binnen: 'Volgens mij is die grote filosoof waar jij naar verwijst oom Ben uit de film *Spider-Man*.'

Zoals een andere grote filosoof ooit zei: 'Duh.'

'Met grote kracht komt grote verantwoordelijkheid.' De laatste woorden van oom Ben, voordat een dief die Peter Parker liet ontsnappen hem om volkomen onduidelijke redenen vermoordt op een druk trottoir. Díé grote filosoof dus.

Toch kennen we allemaal die uitspraak. Hij wordt vaak aangehaald – meestal ironisch en na ongeveer zeven glazen bier. Het is een van die perfecte citaten die heel intelligent klinken terwijl je in wezen alleen maar te horen krijgt wat je al wist, ook al heb je er nooit zo over nagedacht.

'Met grote kracht komt grote verantwoordelijkheid.'

Het is waar. Maar er bestaat een betere versie van dit citaat, een versie die echt diepzinnig is, eentje waarbij je alleen maar de zelfstandige naamwoorden hoeft te verwisselen: 'Met grote verantwoordelijkheid komt grote kracht.'

Hoe meer we ervoor kiezen om verantwoordelijkheid te accepteren in ons leven, hoe meer macht we over ons leven hebben. Verantwoordelijkheid voor onze problemen accepteren, is daarmee de eerste stap om ze op te lossen.

Ik kende ooit een man die ervan overtuigd was dat vrouwen hem niet moesten omdat hij te klein was. Hij was slim, interessant en zag er goed uit – niets mis mee, dus – maar hij was er absoluut van overtuigd dat vrouwen hem te klein vonden.

En omdat hij het gevoel had dat hij te klein was, stapte hij ook niet gauw op vrouwen af. De enkele keer dat hij dat wel deed, focuste hij alleen maar op mogelijke gebaren of opmerkingen die aangaven dat hij niet aantrekkelijk genoeg was voor haar, om zichzelf er vervolgens van te overtuigen dat ze hem niet aardig vond, ook al was dat wel het geval. Je begrijpt dat van dat versieren niet veel terechtkwam.

Wat hij zich niet realiseerde, was dat híj de waarde had gekozen die hem kwetste: lengte. Hij ging ervan uit dat vrouwen alleen op lange mannen vielen. Hij was dus sowieso de lul, wat hij verder ook deed.

Deze waardekeuze maakte hem machteloos. Het zadelde deze man op met een onoplosbaar probleem: niet lang genoeg zijn in een wereld bedoeld (in zijn ogen) voor lange mensen. Hij had natuurlijk ook voor heel andere waarden kunnen kiezen. 'Ik wil alleen iets met vrouwen die me nemen zoals ik ben', zou bijvoorbeeld een aardige zijn geweest – een maatstaf die gebaseerd is op de kernwaarden eerlijkheid en acceptatie. Maar hij koos niet voor deze waarden. Hij was zich er waarschijnlijk niet eens van bewust dat hij zijn waarde kóós (of dat kon doen). Maar ook al realiseerde hij het zich niet, hij was toch verantwoordelijk voor zijn eigen problemen.

Ondanks die verantwoordelijkheid bleef hij maar klagen. 'Maar ik heb geen keus,' zei hij tegen de barkeeper. 'Het is hopeloos! Vrouwen zijn oppervlakkig en ze zullen nooit op me vallen!' Ja hoor, het is de fout van die vrouwen dat ze niet vallen op een klagerige, slappe kerel met beroerde waarden. Tuurlijk.

Veel mensen aarzelen om de verantwoordelijkheid te nemen voor hun problemen omdat ze denken dat *verantwoordelijk* zijn voor je problemen ook betekent dat je de *schuld* bent van je problemen.

Verantwoordelijkheid en schuld gaan in onze cultuur vaak samen. Maar het zijn twee verschillende dingen. Als ik jou aanrijd met mijn auto, is dat én mijn schuld, én ik ben wettelijk verantwoordelijk om jou op de een of andere manier te compenseren. Zelfs als het om een ongeluk ging, ben ik nog steeds verantwoordelijk. Zo werkt schuld nu eenmaal in onze maatschappij: als jij het verkloot, zul je het ook weer recht moeten breien. En zo hoort het ook.

Maar er zijn ook problemen die níét onze schuld zijn, terwijl we er toch verantwoordelijk voor zijn.

Stel bijvoorbeeld dat je op een dag wakker wordt en er ligt een pasgeboren baby op je stoep. Het is dan niet jouw *schuld* dat die baby daar ligt, maar de baby is vanaf dat moment wel jouw *verantwoordelijkheid.* Je zult moeten kiezen wat je gaat doen. En wat je ook gaat kiezen (hem houden, hem afstaan, hem negeren, hem aan een pitbull voeren), aan die keuze zullen problemen kleven – en daar ben je ook verantwoordelijk voor.

Rechters kiezen niet hun eigen rechtszaken. Als een bepaalde zaak voor het gerecht komt, heeft de rechter die hem krijgt toegewezen niet zelf de misdaad begaan, hij was ook geen ooggetuige en hij was er niet bij betrokken, maar hij is wel *verantwoordelijk* voor de misdaad. De rechter moet dan de consequenties onder ogen zien; hij of zij moet de maatstaf bepalen waarmee de misdaad wordt beoordeeld en ervoor zorgen dat de gekozen maatstaf ook wordt toegepast.

We zijn verantwoordelijk voor ervaringen die niet altijd onze eigen schuld zijn. Zo is het leven nu eenmaal.

Je zou het onderscheid tussen de twee begrippen als volgt kunnen uitleggen: schuld is de verleden tijd; verantwoordelijkheid is de tegenwoordige tijd. Schuld vloeit voort uit keuzes die al gemaakt zijn. Verantwoordelijkheid vloeit voort uit de keuzes die je nu maakt, elke seconde van elke dag. Jij kiest ervoor om dit te lezen. Jij kiest ervoor om over deze begrippen na te denken. Jij kiest ervoor om ze te accepteren of te verwerpen. Het is misschien míjn schuld dat je denkt dat mijn ideeën niet deugen, maar jíj bent verantwoordelijk voor de conclusies die je trekt. Het is niet jóúw fout dat ik ervoor koos deze zin te schrijven, maar je blijft nog steeds verantwoordelijk voor het feit dat je hem leest (of niet).

Er is een verschil tussen iemand anders de schuld geven van jouw situatie en die ander verantwoordelijk stellen voor jouw situatie. Alleen jij bent verantwoordelijk voor jouw situatie, en verder niemand. Je kunt misschien veel mensen de schuld geven van jouw ongelukkige leven, maar niemand is ooit *verantwoordelijk* voor jouw ongelukkige leven. Dat ben alleen jijzelf, want jij kunt altijd kiezen hoe jij tegen de zaak aankijkt, hoe je op dingen reageert, welke waarde je eraan hecht. Jij kunt altijd de maatstaf kiezen waaraan je je ervaringen afmeet.

Mijn eerste vriendinnetje dumpte me op een spectaculaire manier. Ze bedroog me met haar leraar. Het was ongelooflijk. En met ongelooflijk bedoel ik dat ik het gevoel had dat ik ongeveer 253 keer in mijn maag werd gestompt. En wat het nog erger maakte, was dat toen ik haar ermee confronteerde, ze onmiddellijk voor hem koos en mij liet vallen. Drie jaar samen en dan dit.

Ik voelde me nog maandenlang ellendig. Dat was te verwachten. Maar ik hield haar ook verantwoordelijk voor mijn ellende. En ik kan je vertellen dat me dat niet echt verder hielp. Het maakte de zaak alleen nog maar erger.

Ik had namelijk geen macht over haar. Hoe vaak ik haar ook belde, of tegen haar schreeuwde, of haar smeekte me terug te nemen, of te pas en te onpas bij haar langsging, of al die andere akelige en irrationele dingen die je als ex-vriendje doet, ik had geen enkele invloed op haar emoties of daden. Zij mocht dan de schuld zijn van hoe ik me voelde, maar ze was niet verantwoordelijk voor hoe ik me voelde. Dat was ik zelf.

Na heel veel tranen en alcohol veranderde er iets en begon ik langzaamaan te begrijpen dat hoewel zij iets afschuwelijks had gedaan en ik haar daar de schuld van kon geven, het nu mijn verantwoordelijkheid was om mezelf weer gelukkig te maken. Zij zou dat niet voor me oplossen. Dat moest ik zelf doen.

Toen ik voor die benadering koos, gebeurden er een paar dingen. Om te beginnen begon ik mezelf te verbeteren. Ik ging trainen en bracht meer tijd door met mijn vrienden (die ik nogal had verwaarloosd). Ik besloot nieuwe mensen te ontmoeten. Ik ging een tijdje naar het buitenland en deed wat vrijwilligerswerk. En langzaam maar zeker begon ik me beter te voelen.

Ik vervloekte nog steeds mijn ex om wat ze had gedaan, maar ik nam nu in elk geval de verantwoordelijkheid voor mijn eigen emoties. En door dat te doen, koos ik betere waarden – waarden gericht op voor mezelf zorgen, op leren beter in mijn vel te zitten, in plaats van gericht op het haar laten herstellen wat zij kapot had gemaakt.

(Dat hele gedoe van 'haar verantwoordelijk houden voor mijn emoties' was trouwens waarschijnlijk een van de redenen dat ze mij had laten vallen. Meer daarover verderop in dit boek.)

En toen, ongeveer een jaar later, gebeurde er iets opmerkelijks. Toen ik terugkeek op onze relatie begon ik problemen te zien die me nooit eerder waren opgevallen, problemen die míjn schuld waren en waar ík iets aan had kunnen doen. Ik besefte dat ik waarschijnlijk helemaal niet zo'n leuk vriendje was geweest en dat mensen niet zomaar iemand bedriegen, maar dat ze dan kennelijk ongelukkig zijn.

Ik beweer niet dat dit mijn ex vrijpleitte – helemaal niet. Maar mijn fouten onder ogen zien hielp me te beseffen dat ik misschien niet het onschuldige slachtoffer was dat ik dacht te zijn. Dat ik er zelf ook deel aan had dat die relatie zo lang voortmodderde. Mensen die een relatie met elkaar hebben, houden er tenslotte vaak vergelijkbare waarden op na. En als ik zo lang verkering had met iemand met flutwaarden, wat zei dat dan over mij en mijn waarden? Ik leerde de keiharde les dat als de mensen in jouw relaties egoïstisch zijn en kwetsende dingen doen, jij waarschijnlijk ook zo bent, maar dat je het alleen nog niet beseft.

Ik was pas achteraf in staat om de signalen te zien die duidden op het karakter van mijn ex, signalen die ik had verkozen te negeren of weg te wuiven toen ik nog met haar was. Dát was mijn fout. Ik kon erop terugkijken en inzien dat ik voor haar ook niet bepaald het ideale vriendje was geweest. Ik was vaak afstandelijk en arrogant; ik hield af en toe ook totaal geen rekening met haar en maakte ruzie met haar en kwetste haar. Ook díé dingen waren mijn schuld.

Rechtvaardigden mijn fouten haar fouten? Nee. Maar ik nam evengoed de verantwoordelijkheid om dergelijke fouten nooit meer te maken, om nooit meer dergelijke signalen te negeren, zodat ik nooit meer onder de gevolgen daarvan zou lijden. Ik nam de verantwoordelijkheid om ernaar te streven mijn toekomstige relaties met vrouwen in elk geval op dat punt te verbeteren. En ik kan je tot mijn genoegen meedelen dat me dat is gelukt. Ik word niet meer gedumpt door vriendinnen die me bedriegen, ik krijg geen stompen meer in mijn maag. Ik heb de verantwoordelijkheid voor mijn problemen genomen en heb ervan geleerd. Ik heb de verantwoordelijkheid genomen voor mijn rol in die ongezonde relatie en dat heeft me bij latere relaties geholpen.

En weet je wat? Hoewel het feit dat mijn ex me dumpte een van de pijnlijkste ervaringen was die ik ooit heb meegemaakt, was het ook een van de belangrijkste en meest invloedrijke ervaringen in mijn leven. Het heeft geleid tot een flink stuk persoonlijke groei. Ik leerde meer van dit ene probleem dan van al mijn successen bij elkaar.

We houden onszelf graag verantwoordelijk voor succes en geluk. We maken er verdomme zelfs ruzie over wie verantwoordelijk is voor succes en geluk. Maar verantwoordelijkheid nemen voor onze problemen is veel belangrijker, want alleen daar leer je echt van. Daar word je pas echt beter van. Met simpelweg anderen de schuld geven, kwets je jezelf alleen maar.

Reageren op een tragedie

Maar hoe zit het met echt afschuwelijke gebeurtenissen? Het nemen van verantwoordelijkheid voor werkgerelateerde problemen of voor te veel tv-kijken terwijl je eigenlijk met je kinderen zou moeten spelen of iets nuttigs zou moeten doen, is voor de meeste mensen nog wel acceptabel. Maar bij een vreselijke tragedie trekken ze aan de noodrem. Sommige dingen zijn gewoon te erg om er de verantwoordelijkheid voor te nemen.

Maar als je er goed over nadenkt, verandert de intensiteit van de gebeurtenis niets aan de onderliggende waarheid. Als je bijvoorbeeld wordt beroofd, is het duidelijk niet jouw schuld dat je beroofd wordt. Dat zal iedereen beamen. Maar net als bij die baby op je stoep, draag je direct daarop de verantwoordelijkheid voor een uiterst serieuze kwestie. Vecht je terug? Raak je in paniek? Verstar je? Ga je naar de politie? Probeer je het te vergeten en net te doen of het nooit is gebeurd? Het is jouw verantwoordelijkheid hoe je met deze keuzes omgaat. Jij koos niet voor die beroving, maar het is wel jouw verantwoordelijkheid om de emotionele en psychologische (en wettelijke) naweeën van die ervaring te managen.

In 2008 kreeg de taliban de controle over de Swatvallei, een afgelegen gebied in het noordoosten van Pakistan. Ze voerden er al snel hun moslimextremistische agenda in. Geen televisie. Geen films. Geen vrouwen op straat zonder mannelijke begeleiding. Geen onderwijs voor meisjes.

In 2009 begon een elfjarig Pakistaans meisje genaamd Malala Yousafzai zich te verzetten tegen het schoolverbod. Ze bleef gewoon naar school gaan en riskeerde daarmee zowel haar eigen leven als dat van haar vader. Ze bezocht ook samenkomsten in nabijgelegen steden. Online schreef ze: 'Hoe durft de taliban me mijn recht op onderwijs af te nemen?'

In 2012 – ze was toen veertien – werd ze in het gezicht geschoten toen ze op een dag met de schoolbus terug naar huis reed. Een gemaskerde talibanstrijder met een geweer kwam de bus in en vroeg: 'Wie is Malala? Als je het niet vertelt, schiet ik iedereen hier dood.' Malala stond op (op zich al een verbazingwekkende keuze) en de man schoot haar ten overstaan van alle andere passagiers door het hoofd.

Malala raakte in coma en verkeerde op het randje van de

dood. De taliban verkondigde publiekelijk dat, mocht ze de aanslag overleven, zij en haar vader alsnog zouden worden gedood.

Malala is nog steeds in leven. Ze spreekt zich nog steeds uit tegen geweld en onderdrukking van vrouwen in moslimlanden, inmiddels als gevierd auteur. In 2014 ontving ze de Nobelprijs voor de Vrede. Het leek erop dat de aanslag haar alleen maar meer aandacht en meer moed had gegeven. Het zou voor haar makkelijker zijn geweest om zich gedeisd te houden en te zeggen 'Ik kan verder niets doen' of 'Ik heb geen keus'. Dat zou dan ironisch genoeg toch een keus zijn geweest. Maar ze koos voor het tegenovergestelde.

Een paar jaar geleden schreef ik in mijn blog over een paar van de ideeën uit dit hoofdstuk en een man reageerde daarop. Hij zei dat ik oppervlakkig en kortzichtig was en dat ik niets begreep van de problemen des levens of van de verantwoordelijkheid van mensen. Hij zei dat zijn zoon pasgeleden was omgekomen bij een auto-ongeluk. Hij beschuldigde me ervan dat ik niet wist wat echte pijn was en zei dat ik een klootzak was om te suggereren dat hij zelf verantwoordelijk was voor de pijn die hij voelde vanwege de dood van zijn zoon.

Deze man leed duidelijk veel meer pijn dan de meeste mensen ooit meemaken in hun leven. Hij had niet gekozen voor de dood van zijn zoon en het was ook niet zijn schuld dat zijn zoon was gestorven. Hij was met de verantwoordelijkheid opgezadeld om met dat verlies om te gaan, ook al wilde hij dat begrijpelijkerwijs totaal niet. Maar hij was hoe dan ook verantwoordelijk voor zijn eigen emoties, overtuigingen en daden. Hoe hij reageerde op de dood van zijn zoon, was zijn eigen keus. We krijgen allemaal onvermijdelijk met pijn te maken, maar we moeten zelf kiezen wat het voor ons betekent. Zelfs door te claimen dat hij géén keus had in deze kwestie en dat hij alleen maar zijn zoon terug wilde, maakte hij een keuze – een van de vele manieren die hij had kunnen kiezen om die pijn te gebruiken.

Natuurlijk zei ik dat allemaal niet tegen hem. Ik had het te druk met geschokt zijn en met denken dat ik me misschien inderdaad met dingen had bemoeid waar ik de ballen verstand van had. Dat is een risico dat mijn soort werk met zich meebrengt. Een probleem waarvoor ik kies. En het was mijn verantwoordelijkheid om met dat probleem om te gaan.

Ik voelde me in eerste instantie afschuwelijk. Maar toen, na een paar minuten, begon ik kwaad te worden. Zijn bezwaren hadden nauwelijks iets te maken met wat ik beweerde, hield ik mezelf voor. Het feit dat ik geen zoon heb die is gestorven, wil verdomme toch niet zeggen dat ik niet zelf ook iets verschrikkelijks kan hebben meegemaakt?

Maar toen besloot ik mijn eigen adviezen op te volgen. Ik koos mijn probleem. Ik kon wel kwaad worden op die man en ruzie met hem maken, proberen hem af te troeven met mijn eigen ellende, maar dan zouden we allebei even dom en ongevoelig overkomen. Ik kon ook een beter probleem kiezen, werken aan het beoefenen van geduld, aan het beter begrijpen van mijn lezers, en steeds als ik over pijn en trauma's schreef die man in gedachten houden. En dat is wat ik heb geprobeerd te doen.

Ik schreef hem dat ik het vreselijk vond dat hij zijn zoon had verloren en liet het daar verder bij. Want tja, veel meer kun je ook niet zeggen, toch?

Genetica en de kaarten die we krijgen

In 2013 volgde de BBC een stuk of zes tieners met obsessief-compulsieve stoornis (OCS) die via intensieve therapieën probeerden van hun ongewenste gedachten en repetitief gedrag af te komen.

Een van hen was Imogen, een zeventienjarig meisje dat de dwangmatige behoefte had om op elk oppervlak dat ze passeerde een tikje te geven; als ze dat niet deed, werd ze overspoeld door verschrikkelijke gedachten over haar familie die doodging. Verder was er Josh, die alles zowel rechts als links moest doen. Hij at met zowel zijn linker- als zijn rechterhand, hij stapte door een deur met beide voeten, enzovoort. Als hij zijn twee kanten niet 'gelijkstelde', kreeg hij enorme paniekaanvallen. En dan had je nog Jack, die aan smetvrees leed. Hij weigerde zonder handschoenen naar buiten te gaan, kookte zijn water voordat hij het dronk en weigerde voedsel te eten dat niet door hemzelf was schoongemaakt en bereid.

OCS is een afschuwelijke neurologische en genetische stoornis die niet genezen kan worden. Je kunt er hoogstens mee leren omgaan. En zoals we zullen zien, komt dat omgaan met de stoornis neer op het definiëren van je waarden.

Het eerste wat de psychiaters in dit project deden, was de kinderen vertellen dat ze de imperfecties van hun compulsieve wensen moesten accepteren. Om een voorbeeld te geven: als Imogen werd overvallen door afschuwelijke gedachten aan haar familie die doodging, moest ze accepteren dat haar familie inderdaad kon sterven en dat ze daar niets aan kon veranderen. Er werd haar met andere woorden verteld dat wat haar overkwam, niet haar schuld was. Josh werd gedwongen te accepteren dat op de lange duur het 'gelijkstellen' van al zijn handelingen zijn leven in feite meer verwoestte dan de incidentele paniekaanvallen. En Jack werd erop gewezen dat wat hij ook deed, bacteriën onvermijdelijk waren en hem altijd zouden infecteren.

Het doel was om de kinderen te laten inzien dat hun waarden niet rationeel waren – dat het in feite niet eens hun eigen waarden waren, maar die van hun stoornis – en dat ze door het tegemoetkomen aan die irrationele waarden hun vermogen om goed te functioneren beperkten.

De volgende stap was om deze kinderen aan te moedigen een waarde te kiezen die belangrijker was dan hun OCS-waarde en om daarop te focussen. Voor Josh was dat de mogelijkheid om niet voortdurend zijn stoornis te hoeven verbergen voor zijn vrienden en familie, het vooruitzicht van een normaal, goed functionerend sociaal leven. Voor Imogen was het de idee dat ze de controle kreeg over haar eigen gedachten en gevoelens en zo weer gelukkig kon worden. En voor Jack was het het vermogen om langere tijd van huis te zijn zonder dat zijn trauma opspeelde.

Met deze nieuwe waarden in hun achterhoofd begonnen de kinderen aan intensieve desensibilisatieoefeningen die hen dwongen naar hun nieuwe waarden te leven. Paniekaanvallen volgden; tranen vloeiden; Jack waste onmiddellijk nadat hij in aanraking was gekomen met een reeks levenloze objecten zijn handen. Maar aan het eind van de documentaire was er toch grote vooruitgang geboekt. Imogen hoefde niet langer elk oppervlak dat ze tegenkwam aan te raken. Ze zei: 'Er huizen nog steeds monsters in mijn hoofd, en die zullen er ook altijd wel blijven, maar ze houden zich wel een stuk rustiger.' Josh was in staat om vijfentwintig tot dertig minuten lang zijn drang tot 'gelijkstellen' te weerstaan. En Jack, die waarschijnlijk nog de meeste vooruitgang had geboekt, was in staat om naar een restaurant te gaan en daar uit flessen en glazen te drinken zonder ze eerst af te wassen. Jack vatte heel goed samen wat hij had geleerd: 'Ik heb niet voor dit leven gekozen; ik heb niet voor deze afschuwelijke, afgrijselijke aandoening gekozen. Maar ik leer te kiezen hoe ik ermee omga; ik móét kiezen hoe ik ermee omga.'

Veel mensen met een aangeboren gebrek, of dat nu OCS is of

een klein postuur of iets heel anders, hebben het gevoel dat hun iets heel waardevols door de neus is geboord. Ze hebben het gevoel dat ze er verder niets aan kunnen doen, dus ontlopen ze de verantwoordelijkheid voor hun situatie. Ze denken: ik heb niet voor die beroerde genen gekozen, dus is het niet mijn schuld dat het niet zo lekker loopt.

En dat is waar, het is niet hun schuld.

Maar het blijft wel hun verantwoordelijkheid.

Toen ik studeerde, had ik de nogal onrealistische fantasie om een professionele pokerspeler te worden. Ik won geld en zo, en het was leuk, maar na bijna een jaar serieus spelen hield ik ermee op. Dat leven van hele nachten opblijven en naar het beeldscherm staren en de ene dag duizenden dollars winnen en ze de volgende dag weer verliezen, was eigenlijk niets voor mij. Het was trouwens ook niet bepaald de meest gezonde of emotioneel stabiele manier om je geld te verdienen. Maar mijn tijd als pokerspeler had een verrassend ingrijpende invloed op hoe ik het leven zie.

Het mooie van poker is dat, hoewel er altijd geluk bij komt kijken, dat geluk toch niet de resultaten op lange termijn dicteert. Je kunt een verschrikkelijke kaart in handen krijgen en toch iemand met betere kaarten verslaan. Natuurlijk, die persoon met de fantastische kaarten heeft een grotere kans om te winnen, maar uiteindelijk wordt de winnaar toch bepaald door – jawel, je raadde het al – de *keuzes* die je gedurende het spel maakt.

Ik bezie het leven ook op die manier. We krijgen allemaal bepaalde kaarten in handen. De een krijgt betere kaarten dan de ander. Je kunt dan de pest in krijgen over de jou toebedeelde kaarten en vinden dat je genaaid bent, maar waar het om gaat, is de keuzes die we maken met deze kaarten, de risico's die we besluiten te nemen, en de consequenties die we bereid zijn te accepteren. Mensen die steeds weer de beste keuzes maken in de situaties die ze krijgen voorgeschoteld, zijn degenen die het uiteindelijk het beste doen bij het pokeren, en in het leven. En dat zijn niet per se de mensen met de beste kaarten.

Je hebt mensen die psychisch en emotioneel lijden onder neurologische en/of genetische tekortkomingen. Maar dat verandert niets aan de zaak. Goed, ze hebben een slechte kaart geërfd en dat is niet hun schuld. Net zoals de kleine man die een vriendin wil er geen schuld aan heeft dat hij klein is. En de persoon die wordt beroofd, heeft daar ook geen schuld aan. Maar het is wel hun verantwoordelijkheid. Of ze er nu voor kiezen om psychiatrische hulp te zoeken, in therapie te gaan of helemaal niets te doen, de keus is uiteindelijk aan hen. Je hebt ook mensen die een slechte jeugd gehad hebben en daaronder lijden. Je hebt mensen die misbruikt en genaaid zijn, fysiek, emotioneel, financieel. Je kunt hun de schuld niet geven van hun problemen en remmingen, maar ze blijven wel verantwoordelijk – *altijd* verantwoordelijk – om door te gaan, ondanks hun problemen, en om de beste keuzes te maken die ze kunnen maken, gegeven de omstandigheden.

En laten we wel wezen: als je álle mensen zou willen verzamelen die een of andere psychische stoornis hebben, die worstelen met een depressie of zelfmoordgedachten, die te maken hebben gehad met verwaarlozing of misbruik, die hebben moeten omgaan met een tragedie of de dood van een geliefde, die serieuze gezondheidsproblemen, ongelukken of trauma's hebben overleefd – als je al die mensen bij elkaar zou willen zetten, nou, dan zou je waarschijnlijk iedereen erbij moeten halen, want niemand slaat zich door het leven zonder onderweg wat littekens op te lopen.

Natuurlijk, sommige mensen worden opgezadeld met ergere problemen dan andere. En sommige mensen worden echt op een afschuwelijke manier geslachtofferd. Maar hoezeer ons dat ook van streek maakt of verstoort, het verandert uiteindelijk niets aan de verantwoordelijkheid die we voor onze individuele situatie moeten nemen.

De comfortabele slachtofferrol

De drogreden van verantwoordelijkheid/schuld maakt dat mensen de verantwoordelijkheid voor het oplossen van hun problemen op anderen kunnen afschuiven. Dit vermogen om via schuld de verantwoordelijkheid te omzeilen brengt je even in een roes en bezorgt je een gevoel van moreel gelijk.

Helaas is een van de bijwerkingen van internet en social media dat het makkelijker is dan ooit om de verantwoordelijkheid – voor zelfs de kleinste oprisping – op een andere groep of persoon af te schuiven. Dit publieke blaming-and-shaming is behoorlijk populair geworden; het wordt in bepaalde kringen zelfs 'cool' gevonden. Het publiekelijk delen van 'onrecht' roept in social media veel meer aandacht en emotionele reacties op dan wat dan ook en het beloont mensen die zichzelf constant in de slachtofferrol duwen met steeds meer aandacht en sympathie.

De slachtofferrol is tegenwoordig in de mode bij zowel links als rechts, onder de rijken en de armen. Het is zelfs misschien wel de eerste keer in de geschiedenis van de mensheid dat elke demografische groep het gevoel heeft dat ze onterecht slachtoffer zijn. En ze genieten allemaal van de morele verontwaardiging die ermee gepaard gaat.

Iedereen die zich beledigd voelt door wat dan ook – of dat nu een boek over racisme is dat als lesmateriaal wordt gebruikt, of die kerstboom die niet meer in het winkelcentrum mag staan, of de belastingen op bezit die met een half procent omhoog zijn gegaan – heeft het gevoel dat hij of zij op de een of andere manier wordt gedwarsboomd en daarom het recht heeft verbolgen te zijn en aandacht te krijgen.

Het huidige medialandschap moedigt deze reacties aan en bestendigt ze, want het is tenslotte goed voor de business. Schrijver en mediavolger Ryan Holiday noemt dit 'woedeporno': in plaats van zich bezig te houden met echte verhalen en echte problemen, vinden de media het veel gemakkelijker (en winstgevender) om op zoek te gaan naar licht kwetsende zaken, om die vervolgens met een groot publiek te delen, woede uit te lokken, en vervolgens die woede te delen met dat publiek, waarna er weer een ander deel van hun publiek kwaad wordt. Dat leidt tot een soort echo van geouwehoer die heen en weer kaatst tussen twee denkbeeldige partijen, terwijl ondertussen de echte problemen in de maatschappij uit het oog worden verloren. Geen wonder dat we politiek gezien steeds gepolariseerder raken.

Het grootste probleem met dat koesteren van de slachtofferrol is dat het de aandacht wegtrekt van échte slachtoffers. Het is net als met die jongen die almaar riep dat er een wolf was. Hoe meer mensen zichzelf uitroepen tot slachtoffer van het een of ander, hoe moeilijker het wordt om te zien wie nu de werkelijke slachtoffers zijn.

Mensen raken verslaafd aan het zich voortdurend beledigd voelen, want het geeft hun een piekmoment; in je recht staan en je moreel superieur voelen, voelt nu eenmaal lekker. Zoals politiek cartoonist Tim Kreider het in *The New York Times* stelde: 'Net als veel andere dingen die goed voelen, verteert uiteindelijk ook woede je van binnenuit. En het is nog extra verraderlijk omdat we ons er niet eens van bewust zijn dat het fijn is.'

Maar leven in een democratie en een tolerante maatschappij

brengt nu eenmaal met zich mee dat we allemaal te maken hebben met gezichtspunten en mensen die we niet per se zien zitten. Dat is gewoon de prijs die we betalen – je zou zelfs kunnen zeggen dat het hele systeem daarom draait. En het lijkt wel of steeds meer mensen dat vergeten.

We zouden onze ruzies zorgvuldig moeten kiezen en tegelijkertijd moeten proberen om een beetje empathie te voelen voor de zogenaamde vijand. We zouden de media en het nieuws moeten benaderen met een gezonde dosis scepsis en de mensen die het niet met ons eens zijn niet direct moeten afschilderen als waardeloos. We zouden de voorkeur moeten geven aan waarden als eerlijk en transparant zijn, en twijfel moeten toelaten over waarden als gelijk hebben, je goed voelen en wraak zoeken. Het koesteren van deze 'democratische' waarden wordt behoorlijk bemoeilijkt in de constante ruis van de wereld van social media. Maar we moeten de verantwoordelijkheid aanvaarden en ze toch blijven koesteren. De toekomstige stabiliteit van ons politieke systeem zou er weleens van af kunnen hangen.

Er is geen 'hoe'

Veel mensen zullen bij het horen van dit alles zeggen: 'Oké, maar hoe? Ik begrijp dat mijn waarden niet deugen en dat ik de verantwoordelijkheid voor mijn problemen ontloop en dat ik een klootzak ben die overal recht op denkt te hebben en die denkt dat de wereld om mij hoort te draaien en om al die kleine ongemakken die ik ervaar – maar hóé kan ik veranderen?'

En ik zeg daarop, met mijn beste Yoda-imitatie: 'Doe het of doe het niet; er is geen "hoe".'

Je kiest de hele dag al voortdurend waar je een fuck om geeft, dus verandering is simpelweg een kwestie van ervoor kiezen om ergens anders een fuck om te geven.

Zo simpel is het. Het is alleen niet zo makkelijk.

Het is niet makkelijk omdat je jezelf in het begin een loser zult gaan vinden, een fraudeur, een onbenul. Je zult nerveus zijn. Je zult in paniek raken. Je wordt misschien kwaad op je vrouw of je vrienden of je vader gedurende dit proces. Dat zijn allemaal bijwerkingen van het veranderen van je waarden, van het veranderen van de fucks die je geeft. Maar ze zijn onvermijdelijk.

Het is simpel, maar ook heel moeilijk.

Laten we enkele van deze bijwerkingen bekijken. Je gaat je onzeker voelen, dat geef ik je op een briefje. 'Moet ik dit echt allemaal opgeven? Doe ik daar wel goed aan?' Een waarde opgeven waar je jaren naar geleefd hebt, zal je een stuurloos gevoel geven, alsof je niet meer weet wat goed of fout is. Dat is zwaar, maar het is normaal.

Vervolgens zul je het gevoel krijgen dat je faalt. Je hebt je halve leven gebaseerd op die oude waarde, dus als je je prioriteiten en je maatstaven verandert en je anders gaat gedragen, beantwoord je niet langer aan die goeie ouwe maatstaf en voel je je dus onmiddellijk een soort fraudeur of nobody. Ook dat is normaal en tevens ongemakkelijk.

En je zult onvermijdelijk met afwijzing te maken krijgen. Veel van de relaties in je leven waren gebaseerd op de waarden die jij koesterde, dus als je deze waarden verandert – zodra je besluit dat studeren belangrijker is dan feesten, dat trouwen en een gezin stichten belangrijker is dan maar wat rondneuken, dat een baan hebben waar je in gelooft belangrijker is dan geld – zal je ommekeer zijn weerslag hebben op je relaties en veel ervan zullen in je gezicht uiteenspatten. Ook dat is normaal en ook dat is weer niet prettig.

Het zijn allemaal noodzakelijke, zij het pijnlijke, bijwerkingen van je keuze om je fucks aan iets anders te besteden, daar waar ze veel belangrijker zijn en minder een verspilling van je energie. Bij het opnieuw bepalen van je waarden zul je te maken krijgen met interne en externe weerstand. Je zult je vooral heel onzeker voelen; je zult je afvragen of je niet het verkeerde doet.

Maar het is juist een goede zaak, zoals we hierna zullen zien.

HOOFDSTUK 6

Je hebt alles bij het verkeerde eind (maar ik ook)

Vijfhonderd jaar geleden waren cartografen ervan overtuigd dat Californië een eiland was. Artsen waren ervan overtuigd dat je iemand kon genezen door zijn arm open te snijden, oftewel de praktijk van 'aderlaten'. Wetenschappers wisten zo goed als zeker dat vuur ontstond door iets wat 'flogiston' werd genoemd. Vrouwen geloofden dat je rimpels kon tegengaan door je gezicht met hondenurine in te smeren. En astronomen waren ervan overtuigd dat de zon om de aarde draaide.

Als klein jochie was ik ervan overtuigd dat 'mediocre' (een van oorsprong Frans leenwoord dat 'middelmatig' betekent) een groente was die ik niet lustte. Ik wist zeker dat mijn broer een geheime gang in het huis van mijn oma had ontdekt omdat hij vanuit de badkamer naar buiten kon zónder de deur te hoeven gebruiken (spoileralert: er was een raam). Toen een vriendje van me met zijn ouders naar 'Washington B.C.' ging, dacht ik echt dat ze op de een of andere manier konden tijdreizen naar het tijdperk van de dinosaurussen, want 'B.C., before Christ,' was toch echt wel superlang geleden.

Als puber verkondigde ik tegen iedereen dat ik overal schijt aan had, terwijl ik me alles juist heel erg aantrok. Zonder het zelf te beseffen liet ik andere mensen mijn leven bepalen. Ik dacht dat gelukkig zijn een bestemming was in plaats van een keus. Ik dacht dat liefde gewoon 'gebeurde' en had niet door dat je moest wérken aan een relatie. Ik dacht dat 'cool' zijn iets was waarmee je kon oefenen en wat je van anderen kon afkijken, in plaats van het zelf te moeten bedenken.

Ik dacht dat mijn eerste vriendinnetje en ik de rest van ons leven bij elkaar zouden blijven. Toen het vervolgens uitging dacht ik dat ik nooit meer zóiets zou voelen voor een andere vrouw. En toen ik vervolgens toch wel weer zoiets voelde voor een andere vrouw, bedacht ik dat liefde blijkbaar niet altijd voldoende was. Tot ik besefte dat iedereen voor zichzelf moet bepalen wat wel en niet 'voldoende' is, en dat liefde alles kan zijn wat jij wilt dat ze is.

Alleen sloeg ik de plank voortdurend mis. Echt wat betreft alles. Ik heb het mijn hele leven al steeds weer totaal bij het verkeerde eind gehad wat betreft mezelf, anderen, de samenleving, onze cultuur, de wereld, de kosmos – echt alles dus.

En ik hoop dat dat de rest van mijn leven zo zal blijven.

Zoals de Mark van Nu kan terugkijken op alle gebreken en fouten van de Mark van Vroeger, zal de Toekomstige Mark op een dag terugkijken op de aannames van de Mark van Nu (inclusief alles wat er in dit boek staat) en vergelijkbare tekortkomingen opmerken. En dat is maar goed ook. Dat zou namelijk betekenen dat ik ben gegroeid en mezelf heb ontplooid.

Er bestaat een beroemde uitspraak van Michael Jordan dat hij steeds weer, keer op keer faalde, en juist daarom slaagde. Nou, ik heb het steeds weer, keer op keer mis, over alles en iedereen, en daarom wordt mijn leven steeds beter.

Groei komt in feite neer op een voortdurende reeks van herhalingen. Als je iets nieuws leert, is iets wat eerst 'verkeerd' was, niet opeens 'goed'. Nee, het is eerder zo dat je van verkeerd naar ietsje minder verkeerd gaat. Als je daarna iets nieuws leert, ga je van ietsje minder verkeerd naar nóg ietsje minder verkeerd, en dan nog ietsje minder verkeerd dan daarvoor, enzovoort, enzovoort. We zijn voortdurend bezig met streven naar waarheid en perfectie, maar zonder dat we die waarheid en perfectie ooit bereiken.

Alleen zou je helemaal niet moeten streven naar het ultieme 'juiste' antwoord. Je kunt je beter richten op het langzaam, stukje voor stukje, weghakken of wegschaven van de manieren waarop je het vandaag bij het verkeerde eind hebt, zodat je het morgen ietsje minder verkeerd zult hebben.

Op die manier kun je persoonlijke groei zelfs wetenschappelijk benaderen. Je kernwaarden zijn de hypothesen: dit gedrag is goed en doet ertoe, al het andere gedrag niet. Je handelingen vormen het experiment zelf. De gevoelens en denkpatronen die daaruit voortvloeien, zijn de onderzoeksgegevens.

Er bestaat niet één juist dogma of één perfecte ideologie. Je hebt alleen wat in het verleden voor jou goed voelde – maar zelfs dan klopt die ervaring waarschijnlijk nog niet helemaal. En omdat jij, ik en alle andere mensen verschillende behoeften, achtergronden en levensomstandigheden hebben, komen we allemaal onvermijdelijk uit op andere 'juiste' antwoorden over de betekenis van het leven en hoe jij je leven wilt leiden. Voor mij hield het juiste antwoord jarenlang in dat ik in mijn eentje wilde reizen, obscure plekken als woonplaats koos en om mijn eigen scheten lachte. Althans, dat was tot voor kort het juiste antwoord. Het antwoord verandert namelijk steeds, omdat ik zelf verander en groei. Naarmate ik ouder word en meer ervaring krijg, schaaf ik de verkeerde stukjes van mezelf weg en heb het daardoor elke dag steeds ietsje minder bij het verkeerde eind.

Veel mensen zijn zo geobsedeerd door het feit dat ze het 'goed' willen doen, dat ze uiteindelijk nooit echt aan het leven zelf toekomen.

Stel je even een alleenstaande vrouw voor die graag een partner wil, maar er nooit daadwerkelijk op uitgaat om die partner ook te proberen te vinden. Stel je even een man voor die keihard werkt en vindt dat hij een promotie verdient, maar dat nooit expliciet tegen zijn baas zegt.

Ze krijgen te horen dat ze bang zijn om te falen, bang zijn om te worden afgewezen of dat iemand 'nee' zal verkopen.

Maar dat is het niet alleen. Want ja, tuurlijk doet afwijzing pijn. Falen is klote. Maar er zijn ook bepaalde zekerheden waar mensen halsstarrig aan vasthouden – zekerheden die je niet in twijfel durft te trekken of om welke reden ook liever niet wilt loslaten, innerlijke waarden die je leven met de jaren betekenis hebben gegeven. Die alleenstaande vrouw gaat niet op zoek naar een date omdat ze dan gedwongen wordt de confrontatie aan te gaan met haar eigen opvattingen over hoe aantrekkelijk ze wel of niet is. Die werknemer vraagt niet om een promotie omdat hij dan gedwongen wordt de confrontatie aan te gaan met zijn eigen overtuiging over wat hij waard is.

Uiteindelijk is het gemakkelijker om te blijven geloven in de pijnlijke overtuiging dat niemand je aantrekkelijk vindt of dat niemand je talenten waardeert, dan die ideeën op de proef te stellen en erachter te komen of wat je denkt ook echt klopt.

Dit soort overtuigingen over jezelf – ik ben niet aantrekkelijk genoeg, dus ach, laat ook maar, waarom zou ik al die moeite doen; of mijn baas is een eikel, dus ach, laat ook maar, waarom zou ik al die moeite doen – zijn bedoeld om je nu, op dit moment, gerust te stellen door vast een voorschot te nemen op later geluk en succes. Dat zijn vreselijke langetermijnstrategieën, maar veel mensen klampen zich daaraan vast omdat ze ervan uitgaan dat ze het bij het juiste eind hebben en al menen te weten wat er zal gebeuren. Mensen denken met andere woorden te weten hoe het verhaal afloopt.

Zekerheid is de vijand van groei. Want tot het daadwerkelijke moment dat iets gebeurt, staat er nog niets vast, en zelfs dán valt er vaak nog over te twisten. Daarom kun je alleen maar groeien als je de onherroepelijke imperfectie van je eigen waarden erkent.

In plaats van te streven naar zekerheid, is het verstandiger om op zoek te gaan naar twijfel. Twijfel gerust over je eigen overtuigingen, twijfel gerust over je eigen gevoelens, twijfel gerust over wat de toekomst voor je in petto heeft zolang je er niet zelf op uitgaat om die vorm te geven. In plaats van steeds 'het juiste' te willen doen, kun je beter kijken naar alles waarbij je het steeds weer bij het verkeerde eind hebt. Want dat heb je.

Verandering wordt pas mogelijk door het mis te hebben. Fouten maken groei mogelijk. Het betekent dat je niet in je arm snijdt om van je verkoudheid af te komen, of hondenpis op je gezicht smeert om er jonger uit te zien. Het betekent dat je er niet in blijft volharden dat 'mediocre' een vieze groente is, en dat je om dingen durft te geven.

Want weet je, het klinkt misschien een beetje idioot, maar het is echt zo: je kunt nooit weten of een ervaring écht positief of negatief is. Sommige loodzware momenten in het leven die veel spanning opleveren, zijn vaak ook juist de momenten die je heel erg vormen en motiveren. Sommige superfijne ervaringen kunnen ook ontzettend verwarrend en ontmoedigend zijn. Ga dus niet blindelings af op wat jij verstaat onder een positieve of negatieve ervaring. Het enige wat je zeker kunt weten, is of iets op het moment zelf pijn doet. Alleen zegt zelfs dát dus nog niet alles.

Net zoals we met afschuw kunnen terugkijken op de levensomstandigheden van mensen vijfhonderd jaar geleden, zo zullen mensen over vijfhonderd jaar denk ik ook lachen om ons en al onze zekerheden. Ze zullen waarschijnlijk lachen om het feit dat we ons zozeer laten leiden door geld en werk. Ze zullen lachen om het feit dat we degenen van wie we het meest houden vaak niet durven te tonen hoezeer we hem of haar waarderen, terwijl we beroemde mensen die helemaal niets voorstellen verafgoden. Ze zullen lachen om onze rituelen en al ons bijgeloof, om onze zorgen en onze oorlogen. Ze zullen onze wreedheid amper kunnen bevatten. Ze zullen onze kunst bestuderen en discussies voeren over onze geschiedenis. Ze zullen fundamentele waarheden achterhalen waar wij ons nu geen van allen nog bewust van zijn.

Maar ook zij zullen het bij het verkeerde eind hebben. Alleen nét iets minder verkeerd dan wij.

De architect van je eigen overtuigingen

Probeer het volgende maar eens. Vraag een willekeurig iemand in een kamer te gaan zitten waar alleen een paar knoppen zitten waarop je kunt drukken. Instrueer diegene dat als hij een bepaald iets doet – iets wat hij zelf moet uitvogelen – er een lampje zal gaan branden, en dat hij dan een punt heeft verdiend. Instrueer de persoon ten slotte om te kijken hoeveel punten hij binnen een halfuur kan scoren.

Als psychologen mensen dit vragen te doen, gebeurt er het volgende: mensen gaan zitten en beginnen lukraak op de knoppen te rammen, totdat het lampje uiteindelijk gaat branden ten teken dat ze een punt hebben gescoord. Uiteraard proberen ze wat ze net hebben gedaan te herhalen omdat ze meer punten willen. Alleen licht het lampje niet meer op. De meeste proefpersonen gaan van alles proberen en steeds ingewikkeldere reeksen van handelingen verzinnen: driemaal op die knop drukken en dan één keer op de andere, vijf seconden wachten en – *ping!* Ja! Nog een punt erbij! Alleen werkt ook dat op een gegeven moment helaas niet meer. Goh, misschien heeft het wel helemaal niet met die knoppen te maken, bedenkt de proefpersoon. Misschien heeft het te maken met hoe ik zit. Of wat ik aanraak. Misschien heeft het wel met mijn voeten te maken! *Ping!* Nog een punt. Aha! Ja, misschien ligt het dus inderdaad aan mijn voeten en moet ik daarna op een knop drukken. *Ping!*

Over het algemeen hebben de meeste mensen na een minuut of tien, vijftien uitgevogeld wat ze moeten doen om meer punten te scoren. Vaak is het iets raars als op één been gaan staan, of ze leren een ellenlange reeks uit hun hoofd van wanneer ze welke knop moeten indrukken en hoe lang precies, terwijl ze tegelijkertijd ook een bepaalde kant op kijken.

Het grappige hieraan is dát er geen enkele logica achter zit, want de punten blijken puur willekeurig te worden toegekend. Er is geen vaste volgorde, er zit geen enkel logisch patroon achter. Het enige wat er gebeurt is dat er af en toe '*ping*', een lampje aangaat, en dat mensen zich in de meest vreemde bochten wringen omdat ze denken dat ze daarmee punten kunnen verdienen.

Even los van het sadistische element is het doel van het experiment om te laten zien hoe snel de menselijke geest allerlei niet-bestaande klinkklare onzin kan verzinnen en daar vervolgens ook zelf in gaat geloven. Daar blijken mensen zelfs buitengewoon goed in te zijn. Iedere proefpersoon is er na het verlaten van de kamer van overtuigd dat hij het experiment doorhad en gewonnen heeft. Iedereen gaat ervan uit dat hij achter de juiste volgorde of precieze handelingen is gekomen waarmee hij die punten heeft verdiend. En de methoden die ze hebben verzonnen zijn stuk voor stuk uniek. Eén man verzon een ingewikkelde reeks handelingen van hoe en wanneer hij de knoppen precies moest indrukken, en die was voor hem geheel logisch, maar verder kon niemand er wijs uit worden. Eén meisje meende dat ze haar punten had verdiend doordat ze steeds ook een x aantal maal het plafond had aangeraakt, en toen het experiment uiteindelijk was afgelopen was ze dan ook doodop van dat steeds omhoogspringen.

Je zou onze hersenen 'betekenismachines' kunnen noemen, en die betekenis komt voort uit de verbanden die ons verstand tussen twee of meer ervaringen legt. Zoals wanneer je op een knop drukt en er vervolgens een lampje gaat branden, waaruit je concludeert dat het indrukken van dat knopje de reden was dat het lampje aanging. Uiteindelijk komt betekenisgeving daarop neer. Knopje, licht; licht, knopje. Je ziet een stoel. De stoel is grijs. Onze hersenen koppelen de waarneming over de kleur (grijs) aan het voorwerp (stoel) en geven daar een associatieve betekenis aan, oftewel: 'De stoel is grijs.'

Onze hersenen zijn continu bezig met het leggen van verbanden om ons te helpen onze omgeving te begrijpen en te beheersen. Al je waarnemingen, zowel interne als externe, leiden in je hoofd tot nieuwe associaties en verbanden. Zoals de woorden op deze bladzijde, maar ook de grammaticale regels die je gebruikt om wijs te worden uit de zinnen, en de schunnige gedachten die vanzelf in je opkomen zodra mijn tekst wat saai wordt of als ik mezelf ga herhalen. Al die gedachten, impulsen en percepties bestaan uit ontelbaar veel neurale verbindingen die continu boodschappen naar elkaar vuren en je verstand op die manier van allerlei kennis en begrip voorzien.

Alleen zijn er twee problemen. Allereerst zijn onze hersenen niet perfect. We maken allerlei fouten bij wat we zien en horen. We vergeten dingen of vatten gebeurtenissen maar al te snel verkeerd op. En ten tweede, als we eenmaal een bepaalde betekenis aan iets hebben gegeven, ligt dat in je hersenen vervolgens ook redelijk vast. Je hersenen geven de voorkeur aan de betekenis die eerder al ergens aan is gegeven en willen daar liever niet van afwijken. Al krijg je bewijs voorgeschoteld dat tegenstrijdig is aan de betekenis die je ergens aan hebt gegeven, dan negeert je brein dat vaak gewoon en blijft volharden in de eerder vastgelegde overtuiging.

Zo zei de komiek Emo Philips eens: 'Vroeger meende ik dat het menselijk brein het mooiste orgaan van mijn lichaam was. Totdat ik besefte wie me dat influisterde.' Helaas is het nu eenmaal zo dat het gros van onze 'kennis' en onze overtuigingen voortvloeit uit de aangeboren onnauwkeurigheden en vooringenomenheid van onze hersenen. Veel, zo niet de meeste, van je innerlijke waarden en overtuigingen zijn het gevolg van gebeurtenissen die niet representatief zijn voor de wereld als geheel, of het gevolg van een totaal verkeerd geïnterpreteerde gebeurtenis uit het verleden.

En wat is het resultaat? Dat de meeste van je overtuigingen niet kloppen. Of, om het nog wat preciezer te verwoorden: geen enkele overtuiging klopt – alleen zijn sommige net iets minder onjuist dan andere. Uiteindelijk is de menselijke geest een warboel van onjuistheden. Hoewel je dit misschien een nogal onrustbarende mededeling vindt, is dit een uiterst belangrijk inzicht, waarover later meer.

Kijk uit met wat je gelooft

Meredith Maran, een journaliste en feministisch schrijfster, zat in 1988 in therapie toen ze tot de schokkende ontdekking kwam dat haar vader haar als kind had misbruikt. Deze verdrongen herinnering waar ze als volwassene tot dan toe geen weet van had gehad, was uiteraard een enorme klap. Op haar zevenendertigste confronteerde ze haar vader ermee en lichtte de rest van de familie ook in over wat er vroeger gebeurd was.

Iedereen was uiteraard ontzet. Haar vader ontkende de aantijging in alle toonaarden. Een deel van de familie steunde Meredith, anderen stonden aan haar vaders kant. Het leidde tot een breuk in de familie. Hoewel Merediths relatie met haar vader al ver voor haar beschuldiging zeer moeizaam was geweest, woekerde het voort en besmette nu ook de rest van de familie.

Totdat Meredith in 1996 nóg een schokkende ontdekking deed: haar vader had haar helemaal niet misbruikt. (Oeps!) Ze bleek de herinnering met behulp van een goedbedoelende therapeut namelijk zelf te hebben verzonnen. Gekweld door schuldgevoelens probeerde ze in de resterende tijd die haar vader nog had, met hem en andere familieleden in het reine te komen door steeds opnieuw uit te leggen wat er was gebeurd en te zeggen hoezeer het haar speet. Alleen was het daarvoor inmiddels wat te laat. Haar vader overleed al snel, en de verhoudingen in de familie zouden nooit meer hetzelfde zijn.

Meredith bleek helaas niet de enige te zijn. In haar autobiografie *My Lie: A True Story of False Memory* vertelt ze dat er in de jaren tachtig veel vrouwen waren die mannelijke familieleden van seksueel misbruik betichtten en daar vervolgens jaren later op terugkwamen. Rond diezelfde tijd beweerden hele hordes mensen dat er satanische cults waren die kleine kinderen misbruikten. De aantijgingen werden in meerdere steden door de politie onderzocht, maar er werd nooit enig bewijs van dergelijke idiote rituelen gevonden.

Waarom verzonnen mensen opeens dat ze zich allerlei afschuwelijke misbruikpraktijken binnen gezinnen en cultgroeperingen konden herinneren? En waarom juist toen, in de jaren tachtig van de vorige eeuw?

Heb je als kind weleens het telefoonspel gespeeld? Dan fluister je iets in iemands oor, die dat doorvertelt aan degene die naast hem zit, en dan blijkt de tiende persoon op het rijtje opeens iets totaal anders te hebben gehoord dan wat jij aan de persoon naast je hebt verteld. Nou, dat is in een notendop hoe onze herinneringen werken.

Stel, je maakt iets mee. Een paar dagen later herinner je je wat er gebeurd is nét ietsje anders, alsof iemand het in je oor heeft gefluisterd en je het verkeerd verstaan hebt. Vervolgens vertel je iemand erover en moet je een paar lacunes in het plot met een paar verfraaiingen zien op te vullen, omdat je wilt dat het een beetje logisch klinkt en mensen je niet voor gek zullen verklaren. Alleen ga je die verstandelijk toegevoegde franje daarna ook echt geloven. De volgende keer dat je iemand over het voorval vertelt, hoort dat deel van het verhaal er gewoon bij. Alleen klopt het verhaal niet helemaal meer, omdat die toegevoegde elementen nooit echt gebeurd zijn. Stel dat je een jaar later dronken bent als je het verhaal weer een keer vertelt. Je dikt het nog wat verder aan – nou ja, oké, eerlijk gezegd verzin je er maar liefst een derde bij. Alleen wil je de week erna, als je nuchter bent, niet toegeven dat je hebt zitten liegen, en dus houd je je dan maar aan de latere, uitgebreidere, dronken versie van het verhaal. Vijf jaar later is het oorspronkelijke verhaal vervolgens, 'ja écht, ik zweer op mijn moeders graf dat het zo gegaan is', op zijn hoogst nog maar voor de helft waar.

Iedereen doet dat. Jij doet dat. Ik doe dat. Hoe eerlijk je ook bent en hoe goed je het ook bedoelt, je misleidt jezelf en anderen voortdurend, en de enige reden daarvoor is dat onze hersenen op een zo efficiënt mogelijke manier functioneren, wat niet altijd automatisch ook zo accuraat mogelijk betekent.

Je geheugen stelt niet alleen niets voor – het is zelfs zo erg dat ooggetuigenverslagen in een rechtbank vaak niet al te serieus worden genomen – maar onze hersenen werken ook nog eens volgens allerlei afschuwelijke vooroordelen.

Hoe zit dat? Nou, je hersenen proberen de hele tijd wijs te worden uit wat er om je heen gebeurt en toetsen alles aan overtuigingen en ervaringen uit het verleden. Elk nieuw brokje informatie wordt vergeleken met de waarden en gevolgtrekkingen die al in je hoofd zitten. Het gevolg is dat je brein altijd de neiging heeft om datgene te geloven waarvan je op dat moment denkt dat het waar is. Heb je een goede band met je zus, dan zullen de meeste herinneringen aan haar positief gekleurd zijn. Mocht die relatie verslechteren, dan zul je merken dat je je die dingen opeens heel anders herinnert. Dan ga je dezelfde voorvallen inkleuren op een manier waardoor ze beter passen bij de boosheid die je op dat moment voelt. Dat cadeautje dat je vorig jaar met kerst van haar kreeg en toen nog zo lief en attent vond, komt nu opeens eerder neerbuigend en laatdunkend over. En die keer dat ze vergat jou en je vriend uit te nodigen in haar huisje aan het meer? Dat was helemaal geen onschuldige vergissing, zoals je destijds dacht, maar eerder grove nalatigheid.

Hoe Meredith bij haar verzonnen misbruikverhaal kwam, wordt een stuk begrijpelijker als je beseft vanuit welke achtergrond en kernwaarden het ontsproot. Allereerst had Meredith al bijna haar hele leven een zeer moeizame relatie met haar vader. Ten tweede had Meredith een aantal mislukte relaties met mannen achter de rug, waaronder een echtscheiding.

In haar hoofd stonden onder het kopje 'een hechte, intieme relatie met een man' dus niet bepaald geweldige associaties.

Meredith werd begin jaren tachtig steeds radicaler in haar feminisme en deed daarnaast onderzoek naar kindermisbruik. Ze las het ene na het andere afschuwelijke incestverhaal en bleef soms jarenlang contact houden met incestslachtoffers, die vaak jonge meisjes waren. Ze schreef over een aantal gebrekkige onderzoeken die rond die tijd uitkwamen, en waarvan later bleek dat het aantal gevallen van kindermisbruik daarin ernstig werd overschat. (Volgens het bekendste onderzoek zou een derde van alle volwassen vrouwen tijdens hun jeugd seksueel zijn misbruikt, een cijfer waarvan inmiddels duidelijk is dat het niet klopt.)

Daarnaast was Meredith ook nog eens verliefd geworden op een andere vrouw, toevallig ook incestslachtoffer. Ze kreeg een ongezonde, wederzijds afhankelijke relatie met haar nieuwe partner, waarbij ze haar vriendin voortdurend probeerde te 'redden' van haar traumatische verleden. Haar partner gebruikte haar trauma's bovendien als een manier om haar vriendin een schuldgevoel aan te praten en op die manier genegenheid af te dwingen (in hoofdstuk 8 meer over dit onderwerp en het belang van grenzen aangeven). Merediths band met haar vader verslechterde verder (hij was ook verre van enthousiast over haar lesbische relatie) en ze ging op een bijna bezeten manier naar allerlei therapeuten. Deze hulpverleners, die gedreven werden door hun eigen waarden en overtuigingen, zeiden steeds weer dat het feit dat ze zo ongelukkig was toch echt niet alleen kon liggen aan haar stressvolle verslaggeversbaan of aan het feit dat haar relaties steeds op de klippen liepen. Nee, het moest wel *iets anders zijn, iets wat dieper zat.*

Rond die tijd kwam er in Amerika een nieuwe therapievorm op: *repressed memory therapy* (RMT), die al snel populair werd en om verdrongen herinneringen draaide. De cliënt werd door de therapeut in een soort trance gebracht en aangemoedigd om vergeten herinneringen uit zijn jeugd op te diepen en te herbeleven. Dat waren vaak heel onschuldige herinneringen, maar het idee was dat er ook een paar traumatische gebeurtenissen tussen zouden zitten.

Tja, en daar zit die arme Meredith dan. Ze voelt zich toch al klote en is elke dag bezig met dat onderzoek naar kindermisbruik en incest, terwijl ze ook nog eens boos is op haar vader en haar hele leven al worstelt om een gezonde liefdesrelatie met een man op te bouwen. De enige persoon die haar lijkt te snappen en van haar lijkt te houden, is zelf een incestslachtoffer. O ja, en ze ligt ook om de dag bij een therapeut op de divan te snikken, terwijl die haar aanmoedigt dat ze moet proberen zich iets te herinneren wat ze vergeten is of heeft verdrongen. Voilà, het ideale recept voor een uit de lucht gegrepen herinnering over seksueel misbruik.

Bij het verwerken van ervaringen is het voor onze hersenen heel belangrijk om die op zo'n manier te interpreteren dat onze ervaringen, gevoelens en overtuigingen een samenhangend geheel vormen. Alleen krijgen we steeds opnieuw te maken met zaken die níét overeenkomen met dat verleden. Op dat soort momenten druist wat er in het heden gebeurt lijnrecht in tegen alles uit het verleden, waarvan je tot nu toe aannam dat het waar en aannemelijk was. In een poging om er toch een samenhangend verhaal van te maken, verzint je verstand dan soms een herinnering. Je hersenen koppelen de huidige ervaring aan het vermeende verleden en zorgen er op die manier voor dat de betekenis die voor jou vaststaat, overeind kan blijven.

Zoals ik al zei, is Merediths verhaal verre van uniek. In de jaren tachtig, begin jaren negentig werden honderden mensen onder vergelijkbare omstandigheden onterecht beticht van seksueel misbruik. Veel van hen belandden achter de tralies.

Voor mensen die worstelden met hun verleden vormden de suggestieve verklaringen en alle sensatieverhalen in de media – er leek echt sprake te zijn van een epidemie van seksueel misbruik en satanische geweldsincidenten, en ja, ook jíj kon daar het slachtoffer van zijn – voor hun onderbewuste precies de juiste prikkel om hun herinneringen een beetje te verdraaien. Zo konden ze hun huidige lijden verklaren en zich tegelijkertijd als slachtoffer opstellen en alle verantwoordelijkheid afschuiven. De therapie fungeerde als een manier om dat onbewuste verlangen naar boven te halen en in schijnbaar tastbare herinneringen om te zetten.

Dit proces, en de gemoedstoestand waartoe het leidde, bleek zo vaak voor te komen dat er een term voor werd verzonnen: *false memory syndrome.* Herinneringsvervalsing veranderde de manier waarop rechtbanken te werk gingen. Duizenden therapeuten werden aangeklaagd en uit hun ambt gezet. RMT raakte in de vergetelheid en werd vervangen door wat meer praktische therapiemethoden. Recente onderzoeken tonen aan hoe pijnlijk de lessen uit die periode zijn geweest, namelijk dat onze overtuigingen erg beïnvloedbaar zijn en ons geheugen verschrikkelijk onbetrouwbaar.

We lijken tegenwoordig soms bijna te worden doodgegooid met zinnetjes als 'vertrouw op jezelf', 'volg je intuïtie' en allerlei andere mooie tegelspreuken.

Terwijl het beste antwoord soms luidt dat je best wat mínder op jezelf mag vertrouwen. Want als je niet van je hart en je verstand op aan kunt, doe je er goed aan om juist méér vraagtekens te zetten bij je eigen intenties en redenen om iets te doen. Als je het bijna voortdurend bij het verkeerde eind hebt, is het zorgvuldig onder de loep nemen van je eigen overtuigingen en aannames uiteindelijk toch de enige logische weg naar vooruitgang?

Misschien vind je dat eng en zelfdestructief klinken, maar het is juist het tegenovergestelde. Het is niet alleen de veiliger optie, maar ook nog eens heel bevrijdend.

De risico's van absolute zekerheid

Erin zit tegenover me in een sushirestaurant en probeert me uit te leggen waarom ze niet in de dood gelooft. We zitten hier al bijna drie uur en ze heeft precies vier komkommerrolletjes en een hele fles sake op. (In haar eentje, en ze is zelfs al halverwege fles nummer twee.) O ja, en het is dinsdagmiddag vier uur.

Ik heb haar niet gevraagd hierheen te komen. Nee, ze heeft via internet weten te achterhalen waar ik uithing en is hierheen gevlogen omdat ze me per se wilde spreken.

Voor de zoveelste keer.

Ja, ze heeft dit al eerder gedaan. Erin is er namelijk van overtuigd dat ze de mensheid van de dood kan afhelpen, maar ze is er ook van overtuigd dat ik haar daarbij moet helpen. En dan heeft ze het niet direct over een zakelijke samenwerking. Als ze alleen wat pr-advies of iets dergelijks nodig had, prima. Maar nee, het gaat iets verder: ik moet namelijk haar levenspartner worden. Waarom? Na drie uur praten en anderhalve fles sake heeft ze me dat nog steeds niet duidelijk weten te maken.

Mijn verloofde zit trouwens ook aan ons tafeltje. Omdat Erin het belangrijk vond dat ze van dit gesprek op de hoogte zou zijn.

Erin wil dat ze weet dat zij bereid is mij met haar 'te delen' en dat mijn vriendin (en inmiddels mijn echtgenote) haar vooral niet als 'een bedreiging' moet zien.

Ik had Erin in 2008 op een zelfhulpseminar ontmoet. Ze leek me een aardige meid. Wel een beetje zweverig, maar ze was juriste, had aan een topuniversiteit gestudeerd en was duidelijk slim. Bovendien lachte ze om mijn grapjes en vond ze me er leuk uitzien – dus tja, uiteraard ging ik met haar naar bed.

Een maand later nodigde ze me uit om naar de andere kant van het land te verhuizen en bij haar in te trekken. O jee, nu moet ik oppassen, dacht ik. Dus ik probeerde het contact te verbreken. Ze antwoordde dat ze dan zelfmoord zou plegen. Oké, nu begonnen de alarmbellen écht te rinkelen. Ik blokkeerde haar nummer en mailadres op al mijn apparaten.

Dat maakte het voor haar weliswaar wat moeilijker om contact met me op te nemen, maar ze liet zich er niet door weerhouden.

Jaren voordat ik haar ontmoette, was Erin bijna omgekomen door een auto-ongeluk. Klinisch gesproken was ze ook echt een paar minuten 'dood' geweest – er was geen enkele hersenactiviteit meer – maar ze had het op de een of andere wonderbaarlijke manier weten te overleven. Toen ze 'terugkwam' zei ze dat alles was veranderd. Ze werd heel spiritueel. Ze kreeg belangstelling voor en begon ook te geloven in dingen als healing, engelen, universeel bewustzijn en tarotkaarten. Ze was ervan overtuigd dat ze een healer en 'empaat' was geworden, een supergevoelig iemand die schijnbaar allerlei energieën kan aanvoelen en in de toekomst kan kijken. En om de een of andere reden besloot ze toen ze mij had ontmoet dat we waren voorbestemd om samen de wereld te redden. 'Om de dood te genezen,' verwoordde ze het zelf.

Nadat ik haar op mijn zwarte lijst had gezet, maakte ze gewoon nieuwe e-mailadressen aan, en ik kreeg soms dus nog steeds meer dan tien boze mailtjes per dag. Ze gebruikte allerlei Facebook- en Twitter-accounts om mij, maar ook mensen in mijn omgeving, lastig te vallen. Ze ontwierp een website die bijna identiek was aan de mijne en schreef tientallen artikelen waarin ze beweerde dat ik haar ex was, tegen haar had gelogen en haar had bedrogen, dat ik had beloofd dat ik met haar zou trouwen en dat we voor elkaar waren voorbestemd. Toen ik contact met haar opnam met het verzoek of ze de site uit de lucht wilde halen, zei ze dat ze dat alleen zou doen als ik naar Californië zou vliegen voor een afspraak. Dat bleek haar idee van een 'compromis' te zijn.

Ze praatte al haar acties goed door te zeggen dat het in de sterren stond dat we bij elkaar hoorden, dat God het had voorbestemd en dat ze midden in de nacht was ontwaakt door de stemmen van engelen die haar hadden opgedragen dat 'onze speciale band' een nieuw tijdperk van eeuwige vrede op aarde zou inluiden. (En ja, dit heeft ze me echt in die bewoordingen verteld.)

Tegen de tijd dat we in dat sushirestaurant zaten, waren er inmiddels duizenden mails overheen gegaan. Of ik nu wel of niet antwoordde en aardig of boos terugmailde, het maakte allemaal niet uit. Haar besluit stond vast en ze was volledig overtuigd van haar gelijk. Dit hele verhaal was inmiddels al zeven jaar gaande (en loopt nog).

Terwijl ik daar in dat kleine sushirestaurant zat met Erin, die sake achteroversloeg en maar door bleef ratelen over hoe ze de nierproblemen van haar kat had genezen via tikbewegingen op bepaalde meridianen, kreeg ik opeens een soort brainwave.

Erin was een zelfhulpjunkie. Ze gaf tienduizenden dollars uit aan allerlei boeken, seminars en cursussen. Het meest idiote eraan was misschien nog wel dat ze alles wat ze daardoor had opgestoken tot in de puntjes beheerste en in praktijk bracht. Ze heeft een droom, en gaat daar vervolgens ook helemaal voor. Ze visualiseert het, onderneemt actie, laat zich niet door afwijzingen en mislukkingen van de wijs brengen; ze staat gewoon weer op en probeert het nog een keer. Ze is verschrikkelijk positief ingesteld. Ze vindt zichzelf ook echt heel wat. Ik bedoel, hallo! Ze geneest katten zoals Jezus dat bij Lazarus deed – waar hebben we het over?!

En toch zijn haar waarden en ideeën zo totaal belachelijk dat dat er allemaal niet toe doet. Het feit dat ze alles 'goed' doet, maakt nog niet dat ze 'het goede' doet.

Ze is zozeer overtuigd van zichzelf dat ze het gewoon weigert op te geven. Ze heeft me dat zelfs een keer bijna letterlijk gezegd: dat haar fixatie totaal irrationeel en ongezond is, en dat we er geen van beiden gelukkig van worden. Maar om de een of andere reden voelde het voor haar alsof het toch echt het juiste was, en daarom kon ze het niet gewoon negeren en gewoon maar laten.

Psycholoog Roy Baumeister doet sinds halverwege de jaren negentig onderzoek naar de notie van 'het kwaad'. Kort samengevat kijkt hij naar mensen die slechte dingen doen en onderzoekt hun redenen daarvoor.

Men ging ervan uit dat mensen iets slechts doen omdat ze zichzelf vreselijk vinden, met andere woorden: dat het met een laag zelfbeeld te maken heeft. Een van Baumeisters verrassende bevindingen was dat dit vaak juist helemaal niet het geval bleek te zijn. Vaak was het zelfs eerder het tegenovergestelde, namelijk dat criminelen een behoorlijk hoge dunk van zichzelf blijken te hebben. Het komt eerder door hun goede zelfbeeld dat ze ondanks de directe werkelijkheid het gevoel hebben dat het gerechtvaardigd is dat ze anderen iets aandoen.

Voordat een individu vindt dat hij het recht heeft om anderen iets verschrikkelijks aan te doen, moet diegene over een ijzersterk geloof bezitten in zichzelf, in zijn eigen overtuigingen en echt menen dat hij het recht heeft te doen wat hij doet. Racisten doen racistische dingen omdat ze echt geloven dat ze genetisch superieur zijn. Religieuze fanaten plegen zelfmoordaanslagen die tientallen slachtoffers eisen omdat ze zeker menen te weten dat ze als martelaar in de hemel zullen terechtkomen. Mannen verkrachten en misbruiken vrouwen omdat ze denken dat ze zich het lichaam van een vrouw mogen toe-eigenen.

Slechte mensen denken zelf nooit dat ze slecht zijn. Nee, ze zien alle anderen juist als de slechteriken.

In een serie controversiële experimenten van psycholoog Stanley Milgram, die nu eenvoudigweg bekendstaan als de Milgram-experimenten, droegen onderzoekers 'normale' mensen op dat ze andere vrijwilligers moesten straffen wanneer die bepaalde regels overtraden. De proefpersonen bleken weinig tot geen moeite te hebben met het uitdelen van die straf, waarbij in sommige gevallen de grens van lichamelijke mishandeling zelfs werd overschreden. Bijna geen enkele strafoplegger weigerde de straf toe te dienen of vroeg om nadere uitleg. Integendeel, veel mensen leken het zelfs wel fijn te vinden dat ze blijkbaar moreel gerechtvaardigd waren dit te doen.

Het lastige is dat zekerheid niet alleen onhaalbaar is, maar dat het streven naar zekerheid vaak juist meer (en ergere) onzekerheid oproept.

Veel mensen zijn er vast van overtuigd dat ze uitermate geschikt zijn voor hun baan, of weten zelf heel goed op welk salaris ze eigenlijk recht hebben. Alleen voelen ze zich alleen maar rotter door die zekerheid, omdat ze merken dat anderen eerder promotie krijgen. Ze voelen zich gekleineerd en ondergewaardeerd en krijgen te weinig erkenning.

Zelfs iets simpels als bijvoorbeeld stiekem kijken naar de sms'jes van je vriend, of een vriendin vragen wat mensen van je vinden, komt voort uit een diepe onzekerheid en het pijnlijke verlangen naar zekerheid.

Misschien dat je niets raars ziet als je de sms'jes van je vriend leest, maar meestal blijft het daar helaas niet bij. Nee, vervolgens ga je je afvragen of hij misschien soms een tweede telefoon heeft. Op je werk voel je je miskend en niet gezien, en je kunt er echt niet bij dat je die ene promotie niet hebt gekregen. Je vertrouwt je collega's niet meer en zoekt van alles achter dingen die ze zeggen (en vraagt je voortdurend af wat ze van je vinden) waardoor je kansen op een promotie alleen maar kleiner worden. Je kunt iemand van wie je denkt dat die voor jou 'bestemd' is natuurlijk achterna blijven lopen, maar elke keer dat je wordt afgewezen en na alle eenzame nachten zónder diegene, zul je jezelf alleen maar afvragen wat je nou toch verkeerd doet.

Het komt door die momenten van onzekerheid en pure wanhoop dat je vatbaar wordt voor het verraderlijke gevoel dat je ergens recht op zou hebben: je gaat denken dat je best een beetje vals mag spelen om je zin te krijgen, dat anderen het verdienen om te worden gestraft, dat je het recht hebt te mogen pakken wat je wilt, zelfs als dat geweld vereist.

Dan is er wederom sprake van de wet van de omkering: hoe meer je naar zekerheid zoekt, hoe onzekerder en labieler je wordt.

Toch is het tegenovergestelde ook waar: hoe beter je je onzekerheid en het niet-weten omarmt, hoe prettiger je je zult voelen bij het feit dat je weet wat je niet weet.

Onzekerheid zorgt ervoor dat je minder snel over anderen oordeelt. Dan worden onnodige stereotypes en vooroordelen overbodig, iets wat we maar al te vaak hebben wanneer we iemand op televisie, op kantoor of op straat zien. Onzekerheid bevrijdt je eveneens van oordelen over jezelf. Je weet niet half hoe lief je bent, hoe aantrekkelijk je bent en hoe succesvol je zou kunnen zijn. De enige manier om dat te bewerkstelligen, is door er onzeker over te blijven en ervoor open te staan dat je daar via allerlei levenservaringen vanzelf achter zult komen.

Onzekerheid is de basis van alle vooruitgang en groei. Het oude adagium luidt niet voor niets: de mens die alles denkt te weten, leert niets. Je kunt niet iets leren zonder niet eerst iets níét te weten. Als je bereid bent te erkennen dat je dingen niet weet, krijg je meer kansen om dingen te leren.

De dingen die jij ertoe vindt doen, zijn nooit perfect of volledig. Als je ervan uitgaat dat ze dat wel zijn, val je ten prooi aan een gevaarlijke dogmatische instelling die ertoe leidt dat je gaat denken dat je recht hebt op bepaalde zaken en elke verantwoordelijkheid uit de weg kunt gaan. De enige manier waarop je je problemen kunt oplossen, is toegeven dat wat je tot nu toe hebt gedaan en hebt geloofd niet werkt.

Openstaan voor de mogelijkheid dat je het weleens bij het verkeerde eind zou kunnen hebben, is cruciaal voor echte verandering en groei.

Voor je je eigen kernwaarden en prioriteiten onder de loep kunt nemen en die kunt omvormen tot betere en gezondere, moet je eerst je huidige standpunten ter discussie durven stellen. Je moet ze verstandelijk afpellen, de onderliggende zwakke plekken en vooroordelen blootleggen, en beseffen dat ze vaak totaal niet stroken met een groot deel van de wereld om je heen. Je zult je eigen onwetendheid onder ogen moeten zien en je daarbij moeten neerleggen, omdat onze onwetendheid alles overstijgt.

Mansons vermijdingswet

De kans is groot dat je de wet van Parkinson of een variatie daarop wel kent: 'Werk neemt toe naarmate je meer tijd hebt om het werk te voltooien.' De meeste mensen zullen de wet van Murphy ongetwijfeld ook kennen: 'Alles wat fout kan gaan, gaat ook fout.'

Nou, de volgende keer dat je op een chique borrel bent en je wilt indruk maken, laat Mansons vermijdingswet dan eens achteloos vallen:

> Hoe meer iets je identiteit bedreigt, hoe meer je zult proberen het te vermijden.

Die wet houdt met andere woorden in dat hoe meer iets je zelfbeeld dreigt te veranderen, in hoeverre je jezelf wel of niet geslaagd vindt, of hoe goed je je waarden denkt na te leven, hoe meer je zult proberen dat te ontlopen.

Weten hoe de buitenwereld over je denkt, biedt een zekere geruststelling. Alles wat dat overhoop dreigt te gooien – al zou je leven er zelfs beter van kunnen worden – is van nature eng.

Mansons wet is van toepassing op zowel goede als slechte dingen in het leven. Een miljoen dollar verdienen kan net zo bedreigend zijn voor je identiteit als al je geld kwijtraken. Een beroemd popzanger worden kan net zo bedreigend zijn voor je identiteit als ontslagen worden. Daarom zijn mensen vaak zo bang voor succes, om precies dezelfde reden als dat ze bang zijn om te falen: omdat het bedreigend is voor hun zelfbeeld.

En dus schrijf je bijvoorbeeld niet dat script dat je altijd al hebt willen schrijven, omdat je jezelf vooral ziet als een praktisch ingestelde schade-expert en daar dan vraagtekens bij zou moeten zetten. Of je vermijdt het om tegen je man te zeggen dat je best wat meer spanning in de slaapkamer zou willen, omdat dat niet strookt met het beeld dat je van jezelf hebt, namelijk dat je een keurige, zedelijke vrouw bent. Je vermijdt het om tegen een vriend te zeggen dat je liever niet meer met hem afspreekt, omdat jullie vriendschap opzeggen niet strookt met het beeld dat je een aardige, vergevingsgezinde persoon bent.

Dit zijn stuk voor stuk goede en belangrijke gelegenheden die we voortdurend voorbij laten gaan omdat ze te bedreigend zijn voor hoe we over onszelf denken. Ze bedreigen de waarden die je voor jezelf hebt gekozen en die je hebt leren naleven.

Zo had ik een vriend die het al ik weet niet hoe lang had over zijn plannen om zijn kunst op internet te zetten en te proberen zich als een professioneel (of op zijn minst semiprofessionele) kunstenaar te vestigen. Hij had het er al jarenlang over, spaarde ervoor, maakte zelfs meerdere websites en zette zijn portfolio erop.

Alleen zette hij de site nooit online. Er was altijd wel weer een of andere goede reden om dat niet te doen: de resolutie van de foto's was niet goed genoeg, hij had net iets beters geschilderd of hij had er nu écht even te weinig tijd voor.

Zo gingen er jaren voorbij, zonder dat hij zijn 'echte' baan ooit opgaf. Waarom niet? Omdat hij er weliswaar van droomde om van zijn kunst te kunnen leven, maar de reële kans dat hij een Niet Geliefde Kunstenaar zou worden véél enger was dan de Kunstenaar blijven Die Niemand Kende. Hij was het gewend om onbekend te zijn en voelde zich prettiger in de rol van de Kunstenaar Die Niemand Kende.

Een andere vriend van me was een ontzettende kroegtijger.

Hij was altijd wel in een café te vinden en zat altijd achter de meisjes aan. Na jaren van 'de beest uithangen' kreeg hij er op een gegeven moment toch een beetje genoeg van en merkte dat hij zich ontzettend eenzaam, depri en ongezond voelde. Hij wilde nu weleens kappen met het kroegtijgerschap en was stikjaloers op mensen met een relatie en op iedereen die 'meer gesetteld' was dan hij. En toch veranderde hij zijn manier van leven niet. Hij ging nog jarenlang door met zijn losbandige leven, met de ene eenzame nacht na de andere, en de ene fles drank na de andere. Hij had altijd wel weer een nieuw excuus en er was altijd wel weer een reden waarom hij het niet wat rustiger aan kon doen.

Het bleek voor hem te bedreigend om die manier van leven op te geven. Hij wist niet beter dan dat hij de gangmaker was, en dat opgeven stond voor hem gelijk aan het plegen van psychische harakiri.

Zo houden we er allemaal bepaalde waarden en uitgangspunten op na. Die koesteren we. Die proberen we na te leven. Die verdedigen we en hebben we hoog in het vaandel staan. En dat is niet eens altijd iets waarvan je je bewust bent, want zo werken je hersenen nu eenmaal. Zoals ik hier eerder al schreef, zijn onze hersenen geprogrammeerd om zich te richten op zaken die bekend of vertrouwd zijn, op de dingen waarvan we zeker menen te zijn. Als ik mezelf zie als een aardig iemand, zal ik situaties vermijden waaruit zou kunnen blijken dat die veronderstelling niet klopt. Als ik mezelf zie als een topkok, zoek ik gelegenheden op waarbij ik dat steeds opnieuw aan mezelf kan bewijzen. Je bestaande overtuigingen krijgen altijd voorrang. Pas als je zelfbeeld en hoe je jezelf ziet verandert, kun je afrekenen met vermijdingsgedrag en spanning.

In die zin kan 'jezelf kennen' of 'jezelf vinden' riskant zijn.

Het kan ervoor zorgen dat je komt vast te zitten in een bepaalde rol, waarbij je jezelf opzadelt met onnodig hoge verwachtingen. Het kan ervoor zorgen dat je niet meer openstaat voor je innerlijke potentie en voor kansen die je krijgt.

Daarom zou ik hierbij dan ook willen zeggen: zorg dat je jezelf niét vindt. Zorg dat je nóóit weet wie je precies bent. Omdat je alleen dan zult blijven zoeken en streven naar, en door je eigen inspanningen nieuwe dingen zult ontdekken. Bovendien dwingt het je bescheiden te zijn in je oordelen en sta je toleranter tegenover mensen die anders zijn dan jij.

Jezelf om zeep helpen

In het boeddhisme wordt betoogd dat het idee van wie 'jij' bent een arbitraire verstandelijke constructie is en dat je het idee dat er een 'jij' bestaat, beter kunt loslaten. Ook zouden de arbitraire criteria aan de hand waarvan je jezelf definieert een soort gevangenis vormen en ben je beter af als je die kunt loslaten. In zekere zin zou je kunnen zeggen dat het boeddhisme je aanmoedigt om nergens een fuck om te geven.

Het klinkt misschien wat idioot, maar op die manier in het leven staan is psychologisch gezien wel degelijk zinnig. Als je de verhalen loslaat die je aan jezelf óver jezelf vertelt, sta je meer open voor groei en ben je vrijer om in actie te komen (én onderuit te gaan).

Neem bijvoorbeeld de vrouw die aan zichzelf durft toe te geven: 'Tja, weet je, ik ben inderdaad niet zo goed in relaties.' Dan is ze opeens vrij om daarnaar te handelen en uit haar slechte huwelijk te stappen. Ze hoeft haar identiteit niet meer te beschermen door in dat rothuwelijk te blijven, alleen maar om iets aan zichzelf te bewijzen.

Of neem de student die aan zichzelf durft toe te geven: 'Tja, weet je, misschien ben ik wel helemaal geen rebel, maar gewoon bang.' Dan is hij is opeens vrij om wat meer ambitie te tonen. Hij hoeft niet meer te vrezen dat hij bij het najagen van zijn academische dromen ook best eens op zijn bek zou kunnen gaan.

Of de schade-expert die aan zichzelf durft toe te geven: 'Tja, weet je, misschien zijn mijn dromen of mijn baan wel helemaal niet zo uniek of bijzonder.' Hij kan zich dan vrijer voelen om te proberen dat script alsnog te schrijven en gewoon maar te zien of het wat wordt.

Ik heb goed én slecht nieuws voor je, en dat is: *jouw problemen zijn verre van uniek of bijzonder.* En daarom kan loslaten zo bevrijdend zijn.

Angst gebaseerd op irrationele zekerheid kan oogkleppen opleveren, waardoor je alleen maar meer op jezelf gericht raakt. Als je ervan uitgaat dat het vliegtuig waar jij in zit zal neerstorten, of dat jouw projectvoorstel het stomst is en dat iedereen je zal uitlachen, belachelijk zal maken of negeren, zeg je impliciet tegen jezelf: 'Ik ben de uitzondering. Ik ben niet zoals alle anderen. Ik ben anders en bijzonder.'

En weet je wat je dan in feite bent? Een narcist. Je denkt dat jouw problemen een andere aanpak vergen, je denkt dat jouw problemen door een of andere unieke wiskundige formule worden bepaald en dat universele wetten er niet op van toepassing zijn.

Mijn advies luidt: wees vooral níét speciaal, wees vooral níét uniek. Verander je maatstaven zodat ze een stuk algemener en meer doorsnee zijn. Ga jezelf niet vergelijken met rijzende sterren of nog onontdekte genieën. Zie jezelf niet als een vreselijk slachtoffer of een totale mislukkeling. Nee, beoordeel jezelf volgens veel alledaagsere eigenschappen: als student, als geliefde, als vriendin, als iemand die iets maakt of bedenkt.

Hoe beperkter en zeldzamer de identiteit die je voor jezelf kiest, hoe meer alles om je heen als een bedreiging zal aanvoelen. Om die reden is het dan ook verstandiger om jezelf te omschrijven met heel eenvoudige, alledaagse eigenschappen.

Vaak betekent dat dat je allerlei grootse ideeën over jezelf zult moeten loslaten: dat je bijvoorbeeld over een bepaalde unieke intelligentie beschikt, buitengewoon getalenteerd of verschrikkelijk aantrekkelijk bent, of zo'n onbeschrijflijke ellende in je leven hebt meegemaakt dat anderen dat nooit zullen snappen. Dat betekent dat je je gevoel dat je ergens recht op hebt zult moeten loslaten, je veronderstelling dat anderen je iets verschuldigd zijn. Dat betekent dat je de aaneenschakeling van emotionele kicks moet loslaten die je al jaren overeind houden. Net als een junkie die moet afkicken van de pillen, zul je wanneer je dat soort zaken loslaat waarschijnlijk last krijgen van ontwenningsverschijnselen. Maar het zal je ook zo ontzettend veel moois opleveren.

Hoe word je iets minder zeker van jezelf?

Bij jezelf te rade gaan en je eigen gedachten in twijfel trekken, is een van de moeilijkste vaardigheden om onder de knie te krijgen. Maar het kan wel. Hierbij enkele vragen die je zullen helpen wat meer onzekerheid aan je leven toe te voegen:

Vraag nr. 1: Stel dat ik het mis heb?

Een vriendin van me is onlangs verloofd. Haar verloofde is een prima gozer. Hij drinkt niet. Hij slaat of mishandelt haar niet. Hij is aardig en heeft een goede baan.

Alleen leest haar broer haar sinds de verloving voortdurend de les over hoe onvolwassen haar keuzes in het leven zijn, waarschuwt hij haar dat ze ontzettende spijt gaat hebben van deze gast, dat ze een fout maakt en onverantwoordelijk bezig is. Telkens als die vriendin van me haar broer vervolgens vraagt: 'Wat is je probleem nou eigenlijk? Waarom heb je hier zo'n moeite mee?' reageert hij alsof er helemaal geen sprake is van een probleem, alsof hij helemaal geen moeite heeft met haar verloving en zijn zusje alleen maar wil helpen.

Maar het is wel duidelijk dat iets hem wel degelijk dwarszit. Misschien heeft het met zijn eigen onzekerheid over trouwen te maken. Misschien is het een broer-zussending, onderlinge rivaliteit of zo. Misschien is hij wel gewoon jaloers. Misschien zit hij zó vast in zijn eigen slachtofferschap dat hij niet blij kan zijn voor een ander zonder diegene eerst een rotgevoel te geven.

Over het algemeen geldt dat je blik wat betreft jezelf het minst scherp is. Ben je boos, jaloers of overstuur, dan ben je vaak zelf de laatste die dat doorheeft. De enige manier om daarachter te komen, is door barstjes in je zekerheidsharnas te laten ontstaan door jezelf steeds opnieuw af te vragen of je het misschien mis hebt.

'Ben ik jaloers? Zo ja, waarom dan?' 'Ben ik boos?' 'Heeft ze soms gelijk en ben ik inderdaad alleen maar met mijn eigen ego bezig?'

Maak een vaste gewoonte van dit soort vragen. In veel gevallen is alleen al jezelf dat afvragen voldoende om de benodigde bescheidenheid en compassie op te roepen waarmee je allerlei persoonlijke problemen kunt oplossen.

Het is wel belangrijk om te beseffen dat alleen maar bij jezelf te rade gaan of je het bij het verkeerde eind zou kunnen hebben, nog niet automatisch betekent dat dat ook zo is. Als je echtgenoot je in elkaar slaat omdat je het eten hebt laten aanbranden en je vraagt jezelf af of je het mis hebt dat hij je mishandelt... Nou eh, soms heb je wel degelijk gelijk, hè. Het doel is om jezelf de vraag te stellen en eventjes met de gedachte te spelen dat je het bij het verkeerde eind zou kunnen hebben. Het doel is níét om een hekel aan jezelf te krijgen.

Het is slim om jezelf in te prenten dat verandering in je leven alleen mogelijk is *door het bij het verkeerde eind te hebben.* Als je merkt dat je je dag in dag uit ellendig voelt, wil dat zeggen dat je het mis hebt wat betreft iets belangrijks in je leven, en totdat je jezelf aanwent om op zoek te gaan naar de reden daarvoor, zal er niets veranderen.

Vraag nr. 2: Wat zou het betekenen als ik het inderdaad mis heb?

Veel mensen zijn wel in staat om zichzelf af te vragen of ze het eventueel mis hebben, maar er zijn maar weinig mensen die de daaropvolgende stap vervolgens ook kunnen zetten: toegeven wat het zou betekenen áls ze het inderdaad mis hebben. Dat komt doordat de eventuele betekenis daarvan vaak iets pijnlijks is. Want niet alleen moet je dan je kernwaarden onder de loep nemen en in twijfel durven trekken, maar het dwingt je ook om na te denken over hoe een andere, tegenstrijdige waarde eruit zou kunnen zien en voelen.

Aristoteles schreef: 'Het is een teken van een ontwikkelde geest om met een gedachte te kunnen spelen zonder die te accepteren.' In staat zijn om verschillende waarden te onderscheiden en die te evalueren zonder ze ook per se over te nemen, is misschien wel het allerbelangrijkst als je je leven op een zinvolle manier wilt veranderen.

De broer van die vriendin van me zou zichzelf het volgende moeten afvragen: 'Wat zou het betekenen als ik het mis heb over de aanstaande bruiloft van mijn zus?' Het antwoord op die vraag hoeft echt niet al te ingewikkeld te zijn (en komt vaak neer op een variant van 'ik stel me egoïstisch, onzeker of als een narcistische klootzak op'). Als haar broer het bij het verkeerde eind heeft en de verloving van zijn zus is een verstandige en prima keus, dan is er geen enkele andere verklaring voor zijn gedrag dan zijn eigen onzekerheden en flutwaarden. Hij gaat ervan uit dat hij weet wat goed is voor zijn zus en dat ze zelf niet in staat is om ingrijpende besluiten te nemen. Hij gaat ervan uit dat hij het recht én de plicht heeft om voor haar te beslissen. Hij is overtuigd van zijn eigen gelijk en dat alle andere mensen het bij het verkeerde eind hebben.

Zelfs als dat eenmaal duidelijk is, even los van of het nu over de broer van die vriendin of over jezelf gaat, is het niet gemakkelijk om toe te geven dat je eigenlijk vindt dat je ergens recht op hebt. Want dat doet pijn. Dat is dan ook de reden dat maar weinig mensen dat soort moeilijke vragen aan zichzelf durven te stellen. Alleen zijn die vragen wel noodzakelijk om de kernproblemen boven water te krijgen die ten grondslag liggen aan zowel jouw als zijn stompzinnige gedrag.

Vraag nr. 3: Stel dat ik het inderdaad mis heb, zou dat dan een beter of erger probleem creëren dan het probleem waar ik nu mee worstel, zowel voor mezelf als voor anderen?

Dat is de lakmoesproef om te kunnen bepalen of je behoorlijk solide kernwaarden hebt, of dat je een volslagen neurotische tyfuslijder bent die zijn fucks op iedereen inclusief zichzelf afreageert.

Het doel is om te leren beoordelen welk probleem uiteindelijk erger is. Want zoals Panda Helaas al zei: problemen zullen er altijd zijn.

Welke opties heeft de broer van die vriendin van me?

A. Doorgaan met herrie schoppen en spanning in de familie oproepen, waarmee hij iets wat anders heel fijn zou zijn buitengewoon ingewikkeld maakt en het vertrouwen en respect van zijn zus schaadt en ondermijnt. En dat puur baseren op zijn voorgevoel (sommige mensen zouden het intuïtie noemen) dat haar verloofde voor haar niet de juiste man is.
B. Met een gezond wantrouwen kijken naar of hij wel in staat is vast te stellen wat voor het leven van zijn zus goed of fout zal uitpakken, zich bescheiden opstellen en erop vertrouwen dat ze heus zelf kan beslissen wat wel of niet goed voor haar is. En zelfs als hij dat allemaal niet doet, zich hoe dan ook uit liefde en respect voor haar neerleggen bij de gevolgen van haar keuze.

De meeste mensen zullen voor optie A gaan, en dat komt omdat optie A de relatief gemakkelijke weg is. Die vereist namelijk weinig denkwerk, je hoeft niet achteraf kritiek te gaan leveren, en je hoeft nul begrip op te brengen voor de beslissingen van anderen die je niet aanstaan.

Het levert voor alle betrokkenen trouwens ook de grootste hoeveelheid ellende op.

Optie B levert gezondere en fijnere relaties op, die gestoeld zijn op vertrouwen en respect. Optie B dwingt je bescheiden te blijven en je onwetendheid onder ogen te zien. Door optie B kunnen mensen hun eigen onzekerheden beter hanteren en leren ze situaties te herkennen waarin ze zich impulsief, oneerlijk of egoïstisch opstellen.

Alleen kiezen de meeste mensen liever niet voor optie B, omdat die moeilijker en pijnlijker is.

De broer van mijn vriendin kwam in een denkbeeldige strijd met zichzelf terecht doordat hij haar verloving afkeurde. Ja oké, hij dacht dat hij zijn zusje in bescherming nam, maar zoals we al hebben gezien komen onze overtuigingen vrij willekeurig tot stand. Of erger nog, ze worden vaak achteraf gevormd ter rechtvaardiging van de kernwaarden en parameters waarvoor we gekozen hebben. Feit is dat hij de relatie met zijn zus liever verkloot dan zich af te vragen of hij het misschien mis heeft – terwijl dat laatste ervoor kan zorgen dat hij meteen ook afrekent met onzekerheden die ten grondslag liggen aan het feit dat hij het sowieso al bij het verkeerde eind heeft.

Ik probeer niet volgens allerlei stelregels te leven, maar een die ik me met de jaren wel eigen heb gemaakt, is deze: als het neerkomt op kiezen tussen ófwel ik ben zelf totaal verknipt, ófwel de rest van de wereld is totaal verknipt, dan is het echt véél waarschijnlijker dat ik de totaal verknipte ben. Dat weet ik inmiddels uit ervaring. Ik ben namelijk zo ongelooflijk vaak zelf de hufter geweest die door zijn eigen onzekerheden en onjuiste zekerheden rare sprongen maakte. En dat is niet iets waar ik trots op ben.

Wat niet wil zeggen dat de meeste mensen niet in zekere zin verknipt zijn. En het wil ook niet zeggen dat er geen momenten zullen zijn dat je het ietsje meer bij het rechte eind zult hebben dan andere mensen.

De simpele werkelijkheid is: als je het gevoel hebt dat het jij tegen de rest van de wereld is, grote kans dat het dan in werkelijkheid jij tegen jezelf is.

HOOFDSTUK 7

Falen is de weg vooruit

Als ik zeg dat ik mazzel heb gehad, meen ik dat echt. Ik studeerde namelijk in 2007 af, net op tijd voor de financiële crisis en de Grote Recessie, en dat betekende dat ik een baan moest zien te vinden in een arbeidsmarkt die er al tachtig jaar niet zó slecht voor had gestaan.

Rond diezelfde tijd besefte ik opeens dat een van de onderhuurders in ons appartement al drie maanden geen huur had betaald. Toen ik haar daarop aansprak, begon ze te huilen en nam ze de benen, waardoor mijn andere huisgenoot en ik dus samen de onkosten moesten dekken. Dag dag, spaargeld. Daarna heb ik een halfjaar op de bank bij een vriend gebivakkeerd, met zo nu en dan een klusje, terwijl ik probeerde zo min mogelijk schulden op te bouwen en naar een 'echte' baan zocht.

Ik zei net dat ik geluk had omdat ik de grotemensenwereld dus meteen al als totale mislukkeling betrad; ik begon vanaf het dieptepunt. Voor de meeste mensen is dat hun ergste nachtmerrie, als ze een eigen bedrijf willen oprichten, van baan willen veranderen of hun ontslag indienen bij een klotebaan. En ik kreeg dat dus meteen al vers uit de collegebanken voor mijn kiezen. Daarna konden de zaken er alleen maar beter op worden.

Dus ja, ik heb mazzel gehad. Als je op een stinkende slaapbank moet slapen, je kleingeld moet tellen om te weten of je je die week eten van McDonald's kunt veroorloven en twintig sollicitatiebrieven hebt verstuurd zonder ook maar één reactie, is een blog en een suf internethandeltje beginnen echt niet zo heel eng. Als elk project dat ik opzette mislukte en de blogs die ik schreef door niemand werden gelezen, dan zou ik gewoon terug bij af zijn. Dus waarom zou ik het dan niet op z'n minst proberen?

Falen is sowieso relatief. Als ik me had voorgenomen om een anarchistisch-communistische revolutionair te worden, zou mijn totale gebrek aan inkomsten in zowel 2007 als 2008 een doorslaand succes zijn geweest. Maar als ik me, zoals dat voor de meeste mensen geldt, had voorgenomen om direct na mijn studie een serieuze baan te vinden waar ik de rekeningen van kon betalen, dan was ik inderdaad een hopeloze mislukkeling.

Ik kwam uit een welgesteld milieu. Geld was bij ons thuis nooit een probleem. Integendeel, ik kwam uit een familie waar geld maar al te vaak werd gebruikt om er problemen mee uit de weg te gaan in plaats van ze op te lossen. Maar ook wat dat betreft had ik geluk, want zo leerde ik van jongs af aan al dat veel geld verdienen op zich een waardeloze maatstaf voor succes is. Want al verdiende je bakken met geld, dan nóg kon je heel ongelukkig zijn, net als je best vrolijk door het leven kon gaan terwijl je geen cent te makken had. Geld was voor mij dan ook geen middel om mijn eigenwaarde aan af te meten.

Nee, ik gaf om heel andere dingen, namelijk om vrijheid en autonomie. Het idee om ondernemer te worden sprak me aan omdat ik er slecht tegen kan als anderen me commanderen en ik dingen het liefst op mijn manier doe. Het idee van iets met internet doen sprak me aan omdat je dan niet aan een bepaalde plaats gebonden bent en kan werken wanneer je wilt.

Ik stelde mezelf de simpele vraag: 'Wil ik liever een redelijk salaris en werk hebben waar ik een hekel aan heb, of wil ik de internetondernemer uithangen en een tijdje blut zijn?' Ik hoefde geen moment over het antwoord na te denken: het laatste natuurlijk. Vervolgens stelde ik mezelf de vraag: 'Als ik dit probeer en er over een paar jaar achter kom dat het niet lukt en dan alsnog een baan moet gaan zoeken, ben ik dan echt alles kwijt?' Nee, luidde het antwoord. In plaats van een werkloze tweeëntwintigjarige met nul ervaring die blut was, zou ik dan een werkloze vijfentwintigjarige zijn met nul ervaring die blut was. Boeien!

Als dat voor mij een belangrijke kernwaarde was, zou ik dus juist falen als ik níét zou proberen mijn eigen zaak op te zetten. Een geldtekort, moeten logeren bij vrienden of familie (wat in de twee daaropvolgende jaren bijna altijd het geval was) en een wel erg kort cv waren voor mij met andere woorden niet synoniem aan mislukken.

De paradox van falen of mislukken

Pablo Picasso was al oud toen hij op een dag in een Spaans café op een gebruikt servetje losjes wat zat te tekenen. Hij deed er verre van gewichtig over en leek gewoon te tekenen wat hem op dat moment inviel – zeg maar zoals tienerjongens toilethokjes met penissen bekladden – behalve dat dit wel Picasso was, dus zijn toilethokpenissen op dat servetje met koffievlekken waren eerder kubistisch-impressionistisch en van het kaliber 'totaal geweldig'.

Vlakbij zat een vrouw ademloos toe te kijken. Picasso had op een gegeven moment zijn koffie op, stond op en verfrommelde het servetje om het weg te gooien.

De vrouw hield hem tegen. 'Wacht even,' zei ze. 'Zou ik dat servetje waarop u net zat te tekenen misschien mogen hebben? Ik wil u er wel voor betalen.'

'Da's goed,' antwoordde Picasso. 'Dat is dan twintigduizend dollar.'

De vrouw deinsde achteruit alsof hij haar met een steen had bekogeld. 'Hè? Maar u hebt nog geen twee minuten over die tekening gedaan!'

'Nee, mevrouw,' antwoordde Picasso. 'Het heeft me meer dan zestig jaar gekost om dat te tekenen.' Dat gezegd hebbende, propte hij het servetje in zijn zak en liep het café uit.

Ergens beter in worden is gebaseerd op ontelbaar veel kleine mislukkingen, en de mate van succes wordt bepaald door hoe vaak je ergens in hebt gefaald. Als iemand beter in iets is dan jij, grote kans dat diegene dan ook vaker op zijn bek is gegaan. Als iemand slechter in iets is dan jij, grote kans dat hij dan niet evenveel pijnlijke leermomenten heeft meegemaakt.

Denk maar eens aan een klein kind dat leert lopen, dat honderden keren valt en zich pijn doet. Toch blijft dat kind nooit even zitten om zichzelf af te vragen: 'Goh, dat lopen is denk ik toch eigenlijk niks voor mij. Ik ben er duidelijk niet goed in.'

Mislukkingen vermijden is iets wat we later in ons leven aanleren. Volgens mij ligt dat voor een groot deel aan ons onderwijssysteem, waar presteren vooropstaat en mensen die geen hoge cijfers halen worden gestraft. Een andere belangrijke oorzaak zijn dominante of kritische ouders die hun kinderen dingen niet vaak genoeg laten verkloten en juist straffen als ze iets nieuws doen of iets wat niet vooraf was afgesproken. En dan zijn er natuurlijk nog de media, die ons voortdurend blootstellen aan het ene na het andere succesverhaal, terwijl we niet te zien krijgen wat er aan dat succes vooraf is gegaan, namelijk duizenden uren van keihard werken en tot vervelens toe trainen en oefenen.

Op een zeker moment bereikt vrijwel ieder van ons het punt waarop we bang worden om te falen, waardoor we instinctief mislukkingen uit de weg gaan en ons beperken tot wat er voor onze neus wordt gezet of alleen nog maar dingen doen waar we goed in zijn.

Dat beperkt je niet alleen, het werkt ook nog eens verstikkend. Want écht succesvol zijn lukt alleen als je bereid bent om op je bek te gaan. Als je niet wilt falen, wil je ook geen succes boeken.

Een groot deel van die faalangst komt doordat veel mensen flutwaarden kiezen. Stel bijvoorbeeld dat je het belangrijk vindt 'dat iedereen die je ontmoet je aardig vindt', dan zul je af en toe behoorlijk gespannen zijn, omdat mislukken in dat geval volledig afhangt van de buitenwereld. Dan heb je het zelf niet in de hand en is je eigenwaarde afhankelijk van het oordeel van anderen.

Als ik daarentegen een heel ander criterium kies, namelijk 'een beter sociaal leven', dan kan ik trouw zijn aan de kernwaarde dat ik 'graag een goede relatie wil met andere mensen', los van hoe anderen op me reageren. Dan is mijn eigenwaarde kortom gebaseerd op mijn eigen gedrag en gemoedstoestand.

Zoals we in hoofdstuk 4 al zagen hebben kernwaarden die niet deugen betrekking op externe doelen die je zelf niet onder controle hebt. Als je dat soort doelstellingen nastreeft, levert dat spanning op. En al lukt het je om ze te behalen, dan voel je je nog leeg en lusteloos, omdat er nadat je daarin geslaagd bent, geen andere problemen meer op te lossen vallen.

Zoals je hier eerder al hebt kunnen lezen, zijn betere kernwaarden procesgericht. Met iets als 'me eerlijk en open durven uiten naar anderen', een maatstaf voor de waarde 'eerlijkheid', ben je nooit klaar; dat is iets waar je je hele leven mee bezig kunt zijn. Want in elk nieuw gesprek en bij elke nieuwe relatie krijg je te maken met nieuwe uitdagingen en gelegenheden om eerlijk en oprecht te zijn. Die kernwaarde is kortom een voortdurend proces dat tijdens dit leven nooit 'af' is.

Als je maatstaf voor de kernwaarde 'succesvol in de ogen van de buitenwereld' daarentegen bestaat uit 'een huis en een mooie auto kopen', en je buffelt twintig jaar lang om dat te bereiken, dan heeft dat als het eenmaal gelukt is, geen enkele waarde meer voor je. Dan is het eerder 'welkom, midlifecrisis', omdat het doel dat tijdens je hele volwassen leven als drijfveer heeft gefungeerd dan opeens wegvalt. Dan krijg je geen nieuwe mogelijkheden om jezelf te ontplooien en aan jezelf te blijven werken, terwijl je gelukkig wordt van groei, niet van een ellenlange lijst lukrake prestaties.

In die zin zijn doelstellingen zoals we die meestal formuleren – afstuderen, een vakantiehuisje kopen, zeven kilo kwijtraken – qua hoeveelheid geluk die ze opleveren vrij beperkt. Op de korte termijn kan het heel zinnig zijn om een doel voor ogen te hebben, maar als richtlijn voor de algehele loop van je leven, zijn ze verrekte waardeloos.

Picasso bleef zijn hele leven productief. Hij werd over de negentig en bleef tot aan het eind van zijn leven met kunst bezig. Stel dat hij zich had voorgenomen om 'beroemd te worden', 'bakken met geld te verdienen' en 'duizend schilderijen te maken', dan zou de boel op een gegeven moment toch echt zijn gestagneerd. Hij zou onrustig en gespannen zijn geworden of aan zichzelf zijn gaan twijfelen. Grote kans dat hij zich niet zou hebben ontplooid en zijn werk niet zou hebben ontwikkeld op de manier zoals hij dat nu tientallen jaren lang wel bleef doen.

De reden van Picasso's succes heeft met dezelfde reden te maken dat hij daar als oude man in dat café gewoon wat op een servetje zat te tekenen. Zijn onderliggende kernwaarde was heel eenvoudig en bescheiden, en ging bovendien een leven lang mee. Hij wilde zich bovenal open en eerlijk kunnen uiten. En daarom was dat servetje dus zo kostbaar.

De pijn hoort erbij

De Poolse psycholoog Kazimierz Dabrowski deed in de jaren vijftig onderzoek naar overlevenden uit de Tweede Wereldoorlog omdat hij wilde weten hoe ze hun traumatische oorlogservaringen hadden weten te verwerken. En we hebben het hier over Polen, hè – een land waar de oorlog onvoorstelbaar gruwelijk was. Denk aan hongersnoden waarbij mensen van de honger omkwamen, steden die door bombardementen in de as werden gelegd, de Holocaust, krijgsgevangenen die gemarteld werden en familieleden die waren verkracht of vermoord door de nazi's of, een paar jaar later, door de Russen.

Dabrowski stuitte al snel op iets verrassends en vrij ongelooflijks. Bij een aanzienlijk percentage mensen bleek namelijk dat ze door hun oorlogservaringen, hoe pijnlijk en traumatisch ook, beter, verantwoordelijker en zelfs gelukkiger waren geworden. Veel van hen zeiden dat ze voor de oorlog heel anders in het leven hadden gestaan: ze hadden hun dierbaren eigenlijk niet gewaardeerd, waren onvoldoende dankbaar geweest voor hun aanwezigheid, waren te veel en op een passieve manier bezig geweest met onbeduidende problemen en stonden vrij blasé tegenover alles waarmee ze in het leven gezegend waren. Ze voelden zich na de oorlog zelfverzekerder, ze hadden meer zelfvertrouwen, ervoeren meer dankbaarheid en lieten zich niet meer van de wijs brengen door allerlei irritante onbenulligheden in het leven.

Ze hadden afschuwelijke dingen meegemaakt en waren uiteraard niet blij dát ze die hadden moeten doorstaan. Veel mensen hadden nog steeds last van de emotionele littekens die de oorlog had achtergelaten. Maar sommigen hadden die kunnen benutten voor een positieve en ingrijpende persoonlijke transformatie.

Ze zijn niet de enigen die zo'n keerpunt in hun leven hebben meegemaakt. Voor veel mensen zijn de prestaties waar ze het trotst op zijn, vaak juist ook momenten van grote tegenslag. Vaak maakt pijn je sterker, weerbaarder en meer gegrond. Zo zeggen veel ex-kankerpatiënten bijvoorbeeld dat ze zich sterker voelen doordat ze de strijd hebben gewonnen en daardoor dankbaarder in het leven staan. Veel militairen zeggen dat ze door hun ervaringen in gevaarlijk oorlogsgebied mentaal veerkrachtiger zijn geworden.

Dabrowski betoogde dat angst, spanning en verdriet niet altijd ongewenst zijn en soms juist kunnen helpen. Hij was van mening dat die gemoedstoestanden bij de noodzakelijke pijn horen waarmee persoonlijke groei gepaard gaat. Als je die pijn uit de weg gaat, ontzeg je jezelf de kans om tot je volle potentieel uit te groeien. Je botten en spieren worden sterker van fysieke pijn, en zo is emotionele pijn nodig om mentaal weerbaarder te worden, om je eigenwaarde te versterken, meer compassie te kunnen voelen en over het algemeen gelukkiger in het leven te staan.

Vaak dient een omslag in je instelling zich juist aan op de

momenten dat je denkt dat het écht niet erger kan. Pas als we heel erg lijden, zijn we bereid onze kernwaarden onder de loep te nemen en ons af te vragen waarom die ons in de steek lijken te laten. Dikwijls is er een soort existentiële crisis nodig om objectief te kunnen kijken naar de zingeving in ons leven en te bedenken of het misschien tijd wordt voor verandering.

Je kunt zo'n fase 'de bodem van de put' of 'een existentiële crisis' noemen. Ik noem het zelf liever 'de shitstorm uitzitten'. Kies zelf maar welke omschrijving je het meest aanspreekt.

Misschien zit je er nu zelfs middenin. Of misschien dat je net een van de ingrijpendste periodes uit je leven achter de rug hebt en niet zo goed weet hoe je het moet aanpakken, omdat alles waarvan je meende dat het waar, normaal en goed was, opeens het tegenovergestelde blijkt te zijn.

Weet dan dat dat juist goed is en erbij hoort, want dat is het begin van de noodzakelijke verandering. Ik kan het niet vaak genoeg herhalen: *pijn hoort erbij.* Het is belangrijk om die pijn te voelen. Als je alleen maar streeft naar een kunstmatige roes en daarmee de pijn verdoezelt, als je je blijft wentelen in het gevoel dat je recht hebt op bepaalde zaken en je verliest in misleidend positief denken, als je blijft doorgaan met bepaalde genotsmiddelen of verslavende activiteiten, zul je nooit de benodigde motivatie voor daadwerkelijke verandering weten op te brengen.

Ik herinner me nog dat als we vroeger thuis een nieuwe videorecorder of stereo kregen, ik op alle knopjes drukte en elk kabeltje en draadje losmaakte en weer aansloot omdat ik wilde weten waar alles voor diende. Zo leerde ik gaandeweg hoe het hele systeem werkte. En omdat ik de enige was die wist hoe het werkte, was ik dus ook vaak de enige die die apparaten bij ons thuis gebruikte.

Zoals dat voor een groot deel van de millenniumgeneratie geldt, vonden mijn ouders me een soort wonderkind. Doordat ik zonder de gebruiksaanwijzing te lezen de videorecorder kon bedienen, was ik voor hen een soort reïncarnatie van Tesla.

Het is verleidelijk om naar de generatie van mijn ouders te kijken en te grinniken om hun technofobie. Maar hoe ouder ik word, hoe beter ik besef dat we allemaal op bepaalde vlakken in het leven op mijn ouders met hun nieuwe videorecorder lijken: we staren ernaar, schudden ons hoofd en prevelen 'maar hoe dan?' Terwijl je maar één ding hoeft te doen: begin gewoon.

Ik krijg heel vaak mails van mensen die me zulke vragen stellen, en ik heb heel lang niet geweten wat ik moest antwoorden.

Wat kan ik zeggen tegen het meisje met migrantenouders die hun hele leven al hun spaargeld opzij hebben gezet zodat zij arts kan worden? Intussen is zij bezig met haar studie medicijnen, maar vindt het vreselijk. Ze wil helemaal geen arts worden en zou maar wat graag kappen met haar studie. Ze heeft het gevoel dat ze klem zit. Zo klem dat ze via internet een onbekende mailt (mij dus) en hem de nogal suffe en voor de hand liggende vraag stelt: 'Hoe kan ik stoppen met mijn medicijnenstudie?'

Wat kan ik zeggen tegen de student die verliefd is op zijn mentor? Die jongen zit urenlang na te denken over elk teken, elk glimlachje en alle smalltalk die ze hebben. Uiteindelijk mailt hij me een novelle van achtentwintig bladzijden en sluit af met de vraag: 'Hoe vraag ik haar mee uit?'

Wat kan ik zeggen tegen de alleenstaande moeder met kinderen die inmiddels klaar zijn met school maar bij haar thuis een beetje op de bank hangen, rustig wachten tot ze het eten op tafel heeft gezet en ook nog eens haar geld uitgeven en geen oog hebben voor haar behoefte aan privacy en een plek voor zichzelf? Ze wil graag dat ze op eigen benen gaan staan. Ze wil graag door met haar eigen leven. Maar ze durft haar eigen kinderen niet de deur te wijzen en maakt zich zo'n zorgen dat ze mij mailt: 'Hoe vraag ik ze om het huis uit te gaan?'

Voor mij zijn dat stuk voor stuk 'videorecordervragen'. Van buitenaf gezien is het antwoord heel simpel: houd op met praten en nadenken en doe het gewoon.

Maar voor ieder van deze mensen is die vraag hopeloos ingewikkeld en verwarrend – als existentiële raadsels die verpakt zijn als enigma's en daarna in een KFC-emmer vol Rubiks kubussen zijn gepropt.

Videorecordervragen zijn grappig omdat het antwoord voor degene die ermee zit heel ingewikkeld lijkt, terwijl de oplossing voor iedereen die niet met die vraag worstelt doodeenvoudig is.

Het probleem zit 'm namelijk in de pijn. De papieren invullen om te stoppen met je medicijnenstudie is een verre van ingewikkelde, vrij voor de hand liggende handeling, maar dat geldt niet voor de droom van je ouders kapotmaken. Om je mentor uit te nodigen voor een drankje hoef je alleen maar een paar woorden tegen haar te zeggen, maar het risico dat je wordt afgewezen en je dan rot schaamt, ligt een stuk ingewikkelder. Iemand vragen om op zichzelf te gaan wonen, is een helder en duidelijk besluit, maar dat geldt niet voor het gevoel hebben dat je je eigen kinderen laat stikken.

Ik was tijdens de puberteit en als jongvolwassene verschrikkelijk onzeker. Overdag zat ik dan ook bijna altijd te gamen en 's avonds bestreed ik de spanning met alcohol en sigaretten. Het idee dat ik een onbekende zomaar zou moeten aanspreken – vooral als diegene buitengewoon aantrekkelijk/interessant/populair/slim was – voelde jarenlang als een brug te ver. Ik heb idioot lang in een soort waas rondgelopen terwijl ik mezelf steeds weer dezelfde domme videorecordervragen stelde:

'Hoe pak je dat aan? Hoe stap je gewoon op iemand af voor een praatje? Hoe lukt dat andere mensen?'

Ik hield er allerlei totaal mesjogge ideeën op na, zoals dat je iemand pas mocht aanspreken als daar een praktische aanleiding voor was, of dat vrouwen meteen zouden denken dat ik een enge verkrachter was als ik ze alleen maar groette.

Het probleem was dat mijn emoties mijn werkelijkheid inkleurden. Omdat ik de indruk had dat mensen niet met me wilden praten, begon ik ook echt te geloven dat mensen niet met me wilden praten. Vandaar mijn videorecordervraag: 'Hoe stap je gewoon op iemand af voor een praatje?'

Omdat ik niet in staat was een onderscheid te maken tussen hoe ik me voelde en wie ik was, was ik niet in staat om zaken te relativeren en de wereld te zien zoals die werkelijk was, namelijk gewoon als een eenvoudige plek waar twee mensen op elk willekeurig moment op elkaar kunnen afstappen voor een praatje.

Voor veel mensen geldt dat wanneer ze pijn, woede of verdriet voelen, ze alles uit hun handen laten vallen en zich vooral richten op het verdoven van dat rotgevoel. Want het doel is immers om je zo snel mogelijk 'weer goed te voelen', al kan dat betekenen dat je je toevlucht moet nemen tot bepaalde genotsmiddelen, dat je jezelf voor de gek houdt of weer teruggrijpt op je oude vertrouwde krakkemikkige waarden.

Het is beter om de pijn waarvoor je gekozen hebt te leren doorstaan. Met het kiezen van een nieuwe kernwaarde, kies je meteen ook voor een nieuwe vorm van pijn in je leven. Geniet ervan. Koester die. Omarm die. En handel dan desondánks.

Ik ga niet liegen dat dat in het begin niet verrekte moeilijk zal zijn. Maar je kunt eenvoudig beginnen. Waarschijnlijk heb je het gevoel dat je geen idee hebt hoe je het moet aanpakken, maar dat is hier eerder al besproken: iets zeker weten is sowieso niet aan de orde. Al dénk je dingen te weten, uiteindelijk heb je geen fucking idee wat je aan het doen bent. Dus even serieus, wat valt er te verliezen?

Het leven draait om dingen niet weten, en het dan tóch doen. En ja, dat geldt echt voor alles in het leven. Dat zal ook nooit veranderen. Ook niet als je gelukkig bent. Ook niet als je scheten van elfenstof laat. Ook als je de loterij hebt gewonnen en een kleine vloot jetski's hebt aangeschaft, tast je nog steeds in het verrekte duister over wat je precies doet en weet. Onthoud dat. En wees vooral niet bang.

Het 'doe iets'-principe

In 2008, nadat ik maar liefst anderhalve maand lang een echte baan had gehad, besloot ik het bijltje erbij neer te gooien en maar gewoon voor mijn internetplan te gaan. Ik wist van toeten noch blazen, maar redeneerde als volgt: als ik me dan toch klote zou voelen en blut zou zijn, dan in elk geval liever op mijn eigen voorwaarden. In die tijd draaide alles voor mij eigenlijk toch sowieso vooral om meisjes. En dus besloot ik – fuck, kan mij 't schelen – om een blog te beginnen over mijn datingavonturen.

Die eerste ochtend dat ik als zelfstandige ontwaakte, sloeg de paniek meteen toe. Ik zat daar met mijn laptop en besefte voor het eerst dat ik nu écht verantwoordelijk was voor álles wat ik deed, en dus ook de consequenties van die beslissingen zou moeten dragen. Ik moest mezelf webdesign en internetmarketing zien aan te leren. Ik moest een heel stel esoterische onderwerpen zien uit te vogelen, zoals hoe je ervoor zorgt dat je hoog uitkomt bij zoekopdrachten in Google. Die verantwoordelijkheid rustte nu geheel en al op mijn schouders. En dus deed ik wat iedere vierentwintigjarige die net ontslag heeft genomen en geen flikker weet, zou doen: ik downloadde een paar games en liep met een grote boog om mijn werk heen alsof je daar ebola van kon krijgen.

Naarmate de weken verstreken en ik rood kwam te staan, was het wel duidelijk dat ik een strategie moest zien te verzinnen om ervoor te zorgen dat ik wél die twaalf à veertien uur per dag zou gaan werken, wat toch echt nodig is als je iets van de grond wilt krijgen. De hulp kwam uit een verrassende hoek.

Op de middelbare school zei een van mijn wiskundeleraren, meneer Packwood, altijd: 'Als je vastzit in een som, blijf er dan niet naar zitten staren. Begin gewoon. Al heb je geen flauw idee wat je aan het doen bent, alleen al het doodeenvoudige feit dat je ermee bezig bent, zorgt ervoor dat de juiste ideeën uiteindelijk vanzelf in je opkomen.'

In die beginperiode als freelancer was elke dag een worsteling. Ik had echt geen flauw benul hoe ik het moest aanpakken en was doodsbang voor wat het zou opleveren (of juist níét). Tot dat advies van meneer Packwoord opeens in de krochten van mijn hoofd opdook. Het was echt een soort mantra:

> Blijf daar niet gewoon zitten. Dóé iets. Dan volgen de antwoorden vanzelf.

Doordat ik Packwoods advies ter harte nam, leerde ik een zeer waardevolle les over motivatie. Het duurde weliswaar zo'n acht jaar voor die les was doorgedrongen, maar wat ik tijdens die afschuwelijke maanden ontdekte – maanden die overigens bestonden uit totaal geflopte productlanceringen, lachwekkende adviescolumns, niet al te aangename nachten op de bank bij vrienden, bijna continu rood staan en het tikken van honderdduizenden woorden (waarvan de meeste nooit door iemand behalve mezelf zijn gelezen) – is misschien wel het allerbelangrijkste wat ik ooit in mijn leven heb geleerd:

> Actie is niet uitsluitend het gevolg van motivatie, maar ligt er ook aan ten grondslag.

De meesten van ons gaan pas tot actie over als we gemotiveerd zijn. En we zijn pas gemotiveerd als we voldoende emotionele inspiratie voelen. We gaan ervan uit dat die stappen een soort kettingreactie vormen:

> Emotionele inspiratie → Motivatie → Gewenste actie

Als je iets wilt bereiken, maar niet gemotiveerd of geïnspireerd bent, ga je ervan uit dat je succes wel op je buik kunt schrijven. Daar kun je verder ook niets aan doen. Pas als er zich een ingrijpend emotioneel levensmoment voordoet, weet je voldoende motivatie op te roepen om van die bank op te staan en in actie te komen.

Toch is motivatie niet alleen een drietrapsraket, maar ook een eindeloze lus:

> Inspiratie → Motivatie → Actie → Inspiratie → Motivatie → Actie → Enzovoort

Je handelen leidt tot nieuwe emotionele reacties en nieuwe inspiratie, wat toekomstige actie voedt. Door gebruik te maken van die kennis kun je je instelling op de volgende manier zelfs herkaderen:

> Actie → Inspiratie → Motivatie

Ontbreekt het je aan de benodigde motivatie om een belangrijke verandering in je leven te bewerkstelligen? Kom dan gewoon in actie. *Doe iets!* En dan bedoel ik ook echt gewoon íéts, maakt niet uit wat, en koppel de reactie vervolgens aan de eerdere actie om jezelf te motiveren.

Ik noem dit het 'doe iets'-principe. Nadat ik dit bij het opzetten van mijn eigen bedrijfje had toegepast, besloot ik dit ook te adviseren aan mensen die contact met me opnamen met hun schijnbaar onoplosbare videorecordervragen: 'Hoe pak ik een sollicitatie aan?' of 'Hoe vertel ik die jongen dat ik zijn vriendinnetje wil zijn?' enzovoort, enzovoort.

Tijdens die eerste paar jaar dat ik voor mezelf werkte, gingen er weken voorbij zonder dat ik ook maar iets voor elkaar kreeg, en de enige reden was dat ik te gespannen en gestrest was over wat ik allemaal moest doen. Het was veel gemakkelijker om alles gewoon voor me uit te schuiven. Toch kwam ik er al snel achter dat als ik mezelf dwong iets te doen, al was het iets sufs, de grotere klussen dan opeens behapbaar werden. Als ik een hele website moest ombouwen, dwong ik mezelf ervoor te gaan zitten en dan zei ik: 'Oké, ik begin nu gewoon eerst alleen met de header.' Maar zodra ik dan klaar was met de header, ging ik vanzelf met andere delen van de site aan de slag. En voor ik het wist was ik op dreef en ging volledig op in mijn werk.

Schrijver Tim Ferriss vertelde eens wat hij van een romanschrijver had gehoord die meer dan zeventig boeken op zijn naam had staan. Die schrijver kreeg de vraag voorgelegd hoe het hem gelukt was om zo gestaag te blijven doorschrijven en steeds weer nieuwe inspiratie en motivatie te vinden. Zijn antwoord luidde: 'Tweehonderd flutwoorden per dag, dat was de truc.' Als hij zichzelf dwong om tweehonderd flutwoorden op een dag te schrijven, werkte dat schrijven op zich als inspiratie.

En meestal bleek hij dan vanzelf, zonder het door te hebben, opeens een paar duizend woorden te hebben geschreven.

Als je het 'doe iets'-principe volgt, doet falen er niet meer toe. Als je maatstaf voor succes bestaat uit gewoon iets doen – als je elk resultaat beschouwt als belangrijk en als vooruitgang, zodra inspiratie een beloning wordt in plaats van een voorwaarde – werkt dat stimulerend. Dan voel je je vrij om te falen, en mislukkingen brengen je verder.

Het 'doe iets'-principe werkt niet alleen bij uitstelgedrag, maar is ook een manier om nieuwe kernwaarden te kunnen formuleren. Als je midden in een existentiële shitstorm zit en alles totaal zinloos aanvoelt – als alle criteria die je gebruikte om jezelf aan af te meten tekortschieten en je ten einde raad bent, als je beseft dat het najagen van valse dromen je geen goed doet of als je weet dat er betere criteria zijn waaraan je jezelf zou moeten afmeten, maar je weet niet hoe – luidt het antwoord ook:

Doe iets.

En dat 'iets' kan iets piepkleins zijn dat betrekking heeft op iets anders. En het maakt echt niet uit wat het is.

Stel dat je opeens beseft dat je je in al je relaties als een ontzettende eikel hebt opgesteld, dat je altijd meende dat anderen jou iets verschuldigd waren en je nu graag wilt leren om meer compassie te voelen? Doe dan gewoon iets! Je kunt heel eenvoudig beginnen. Neem jezelf voor dat je naar iemands probleem luistert en diegene advies geeft. Doe dat gewoon één keertje. Of breng jezelf de volgende keer dat je overstuur bent in herinnering dat jijzelf de bron van het probleem bent. Probeer het gewoon eens en kijk hoe het voelt.

Vaak is dat het enige wat je nodig hebt om de sneeuwbal aan het rollen te krijgen, de benodigde actie om de motivatie op te roepen om door te gaan. Je kunt je eigen bron van inspiratie worden. Je kunt je eigen bron van motivatie worden. En actie ondernemen kan altijd. En als *iets doen* je enige maatstaf voor succes is, betekent zelfs falen dat je vooruitgang boekt.

HOOFDSTUK 8

Waarom nee leren zeggen zo belangrijk is

In 2009 pakte ik al mijn bezittingen in dozen in, verkocht een deel en deed de rest in de opslag, trok de deur van mijn appartement achter me dicht en stapte op het vliegtuig naar Latijns-Amerika. Mijn blog met datingadviezen trok inmiddels een flink aantal lezers en ik verdiende zelfs wat geld met de online verkoop van pdf's en cursussen. Het plan was om een paar jaar in het buitenland te gaan wonen, nieuwe culturen te leren kennen en mijn bedrijfje intussen verder uit te bouwen en daarbij gebruik te maken van de lagere kosten van levensonderhoud in een aantal Aziatische en Latijns-Amerikaanse landen. Je zou het de droom van iedere digitale nomade kunnen noemen, en het was precies wat ik als vijfentwintigjarige avonturier op dat moment met mijn leven wilde.

Maar hoe sexy en stoutmoedig mijn plan ook mocht klinken, de redenen waarom dat nomadenleven me zo aansprak, waren echt niet allemaal even verstandig. Tuurlijk had ik een paar lovenswaardige criteria waarom ik het wilde doen: ik wilde de wereld zien, ik was nieuwsgierig naar andere mensen en culturen, en er zat ook een vleugje ouderwetse zucht naar avontuur bij. Maar onder al het andere zaten ook vage contouren van schaamte verborgen. Op het moment zelf had ik het niet echt door, maar als ik eerlijk tegen mezelf was, wist ik stiekem best dat er onder de oppervlakte een flutwaarde op de loer lag. Ik stond er niet voortdurend bij stil, maar op de momenten dat ik even niet druk bezig was en echt eerlijk was tegen mezelf, besefte ik dat wel degelijk.

Behalve dat ik als begin twintiger het idee had dat ik recht had op bepaalde zaken, had alle 'behoorlijk traumatische klotezooi' tijdens de puberteit me ook opgezadeld met een fikse lading bindingsproblemen. Ik was de afgelopen paar jaar dan ook bezig geweest met het overcompenseren van alle zwakke punten en onzekerheden uit mijn tienerjaren. Daardoor liep ik opeens rond met het idee dat ik iedereen die ik wilde aanspreken ook best mocht aanspreken, vrienden kon worden met wie ik wilde, kon houden van wie ik wilde en seks kon hebben met wie ik wilde. Dus tja, waarom zou ik me dan beperken tot één enkel iemand, één vriendenkring, één enkele stad, één enkel land of één cultuur? Als ik alles in gelijke mate kón ervaren, dan zou ik dat toch ook móéten doen?

Gewapend met dit verheven gevoel van verbondenheid met de rest van de wereld, hopte ik van het ene naar het andere land en vloog meerdere oceanen over in een mondiaal hinkelspel dat langer dan vijf jaar duurde. Ik ben in die periode in vijfenvijftig landen geweest, heb tientallen vriendschappen gesloten en het bed met heel wat geliefden gedeeld, die allemaal al snel weer werden ingeruild voor een nieuw paar armen en van wie ik sommigen al vergeten was zodra ik in het vliegtuig naar het volgende land stapte.

Het was een totaal bizar leven, met fantastische horizonverbredende ervaringen maar ook allerlei kicks die bedoeld waren om de onderliggende pijn te verdoven. Het voelde allemaal superheftig maar tegelijkertijd ook nietszeggend, en zo voelt het nog steeds. Een paar van de belangrijkste levenslessen en karakterbepalende momenten dateren uit die reisperiode. Toch heb ik destijds ook onvoorstelbaar veel tijd en energie verspild.

Inmiddels woon ik in New York. Ik heb een huis, meubels, gas-, water- en lichtrekeningen en ben getrouwd. Dat is allemaal verre van glamoureus of spannend. En dat vind ik prima. Want na al die jaren van spanning en sensatie is de belangrijkste les die ik heb geleerd van die avonturen, dat absolute vrijheid op zich helemaal niets te betekenen heeft.

Vrijheid geeft je de kans om achter de diepere betekenis van het leven te komen, maar op zich is er aan die vrijheid zelf niets betekenisvols. Een gevoel van zingeving en het idee hebben dat je ertoe doet, krijg je in je leven uiteindelijk alleen door het wegstrepen van alternatieven. Met andere woorden, door je vrijheid in te perken – hoe raar dat misschien ook klinkt. Beperk je met andere woorden tot één plek, tot één overtuiging of tot één (*slik*) persoon.

Tijdens die jaren dat ik reisde, sijpelde dat besef langzaam door. Zoals dat voor zoveel excessen in het leven geldt, moet je eerst kopje-onder gaan voordat je doorkrijgt dat je er niet blij van wordt. Voor mij gold dat voor reizen. Terwijl ik kopje-onder ging in mijn 53e, 54e en 55e land begon ik te beseffen dat hoewel bijna alle ervaringen leuk en spannend waren, er maar weinig me echt zouden bijblijven. Mijn vrienden in Amerika waren aan het settelen: ze trouwden, kochten huizen en werkten bij interessante bedrijven of besteedden hun tijd aan zinnige politieke doelen, terwijl ik van hoogtepunt naar hoogtepunt hobbelde.

In 2011 besloot ik naar Sint-Petersburg te gaan. Het eten was verschrikkelijk. Het weer was verschrikkelijk. (Sneeuw in mei? Dat meen je niet!) Mijn flatje was verschrikkelijk. Niets werkte. Alles was schreeuwend duur. De mensen waren onbeleefd en roken raar. Niemand glimlachte en iedereen dronk te veel. Toch vond ik het er helemaal geweldig. Het was zelfs een van mijn favoriete reisbestemmingen ooit.

De Russische cultuur heeft iets bots wat bij veel westerlingen verkeerd valt. Geveinsd aardig doen of verbale beleefdheden? Vergeet het maar. Je gaat niet glimlachen naar iemand die je niet kent of net doen alsof je iets leuk vindt. In Rusland zeg je het gewoon als je iets stom vindt. Als iemand zich als een eikel gedraagt, zeg je dat gewoon. Als je een meisje erg leuk vindt en je vindt het ontzettend gezellig, dan zeg je gewoon dat je haar erg leuk vindt en het ontzettend gezellig vindt. Het doet er niet toe of ze een vriendin van je is, een volslagen onbekende of iemand die je net vijf minuten geleden op straat hebt ontmoet.

Toen ik er net was vond ik dat allemaal maar lastig. Zo zat ik een keer een kop koffie met een Russisch meisje te drinken, toen ze me na drie minuten wat raar aankeek en zei dat ik net iets ongelooflijk stoms had gezegd. Ik verslikte me bijna in mijn koffie. Het klonk niet als een belediging; eerder als een constatering van een feit – zoals een opmerking over het weer of welke schoenmaat ze had – maar ik was volkomen geschokt. In het Westen geldt het als bijzonder grof als iemand zo direct is, helemaal als het iemand is die je net hebt ontmoet. Alleen ging het in Rusland de hele tijd zo. Iedereen kwam de hele tijd onbeleefd op me over. Het voelde alsof mijn verwende westerse zieltje voortdurend onder vuur lag. In bepaalde situaties kwamen er ook weer allerlei akelige onzekerheden naar boven waarvan ik al jaren geen last meer had gehad.

Naarmate de weken verstreken begon ik te wennen aan die Russische directheid, net als dat gold voor het feit dat de zon midden in de nacht pas onderging en de wodka als ijswater door je keel gleed. Ik begon het opeens te waarderen voor wat het was, namelijk dat je je gewoon eerlijk en openlijk kon uiten. En dan heb ik het over eerlijkheid in de meest letterlijke zin van het woord: communicatie zonder bijbehorende voorwaarden, zonder kleine lettertjes, zonder onderliggende motieven, verkooppraatjes of wanhopige pogingen om maar vooral aardig gevonden te worden.

Op de een of andere manier was het na al die jaren van reizen misschien wel de meest on-Amerikaanse plek waar ik voor het eerst een zekere vrijheid proefde. Je mocht gewoon zeggen wat je vond, zonder bang te hoeven zijn voor de gevolgen. Het was op een vreemde manier bevrijdend, juist doordat ik afwijzing leerde accepteren. En omdat ik tijdens het grootste deel van mijn leven veel te weinig van dat soort botte directheid had meegemaakt – eerst door een gezin waarin niet over gevoelens werd gepraat, en later doordat ik mijn eigen onzekerheid zorgvuldig overschreeuwde – steeg het me naar het hoofd alsof het... tja, alsof het de beste godvergeten wodka was die ik ooit had geproefd. Die maand in Sint-Petersburg vloog in een roes voorbij en ik wilde aan het eind helemaal niet weg.

Reizen is een geweldige manier om jezelf te ontplooien, omdat je gedwongen wordt de culturele waarden los te laten die je gewend bent. Je ervaart dat andere samenlevingen er heel andere waarden op na houden en toch gewoon functioneren zonder dat ze een hekel aan zichzelf hebben. Blootgesteld worden aan andere culturele waarden en criteria dwingt je stil te staan bij zaken die je in je eigen leven als voor de hand liggend beschouwt en te bedenken dat dat misschien niet per se de beste manier van leven is. In dit geval zorgde Rusland ervoor dat ik stilstond bij de gekunstelde en 'holle' aardige manier van doen, die in de Angelsaksische cultuur de norm is. Ik bedacht dat we daar misschien juist onzekerder van worden en dat het intimiteit juist bemoeilijkt.

Ik besprak die dynamiek een keer met mijn leraar Russisch, die met een interessante theorie kwam. Omdat er in Rusland inmiddels heel wat generaties uitsluitend bekend waren met het communisme – dat weinig tot geen economische kansen bood en die mensen gevangenhield in een cultuur van angst – was vertrouwen in de Russische samenleving een van de waardevolste ruilmiddelen geworden. En om vertrouwen te winnen moet je eerlijk zijn. Dat betekent dat als iets klote is, je dat ook gewoon openlijk zegt, zonder er doekjes om te winden. In Rusland waren ongemakkelijke waarheden simpelweg nodig om te overleven. Je moest goed weten wie je wel en niet kon vertrouwen, en het liefst ook zo snel mogelijk. Eerlijk je mening spuien werd met andere woorden beloond.

In het 'vrije' Westen, vervolgde mijn leraar Russisch, was er daarentegen een overvloed aan economische kansen; zelfs zóveel economische kansen dat het handiger was om jezelf op een bepaalde manier voor te doen, al was het niet-gemeend. Vertrouwen verloor zijn waarde, want uiterlijk vertoon en goede verkooptechnieken leverden meer op. Het was handiger om veel mensen oppervlakkig te kennen dan een paar mensen heel goed.

Daarom werd het de norm in westerse culturen om te glimlachen en aardige dingen te zeggen, al dacht je of voelde je iets heel anders, of om een leugentje om bestwil op te dissen en het eens te zijn met iemand met wie je het eigenlijk oneens was. Daarom leren westerlingen om net te doen alsof ze bevriend zijn met mensen die ze eigenlijk helemaal niet mogen, en om dingen te kopen die ze helemaal niet willen hebben. Dat soort misleiding wordt door het economische systeem bevorderd.

Het nadeel is dat je in het Westen daardoor alleen nooit weet of je je gesprekspartner écht kunt vertrouwen. Soms weet je zelfs bij goede vrienden of familieleden niet waar je aan toe bent. In Amerika is de druk om aardig gevonden te worden soms zelfs zo groot, dat mensen hun persoonlijkheid aanpassen aan degene met wie ze op dat moment te maken hebben.

Afwijzing maakt het leven beter

Als verlengstuk van deze positiviteits- en consumentencultuur zijn veel mensen 'geïndoctrineerd' geraakt door het idee dat je dingen in principe moet accepteren en zo positief mogelijk moet benaderen. Dat is de kern van veel 'positief denken'-boeken: sta open voor kansen, accepteer wat op je afkomt en zeg op alles en iedereen 'ja'.

Terwijl zaken afwijzen juist heel nuttig is. Anders sta je nergens voor. Als niets beter of wenselijker is dan al het andere, gaat het leven leeg en zinloos aanvoelen. Dan heb je geen innerlijke waarden om na te leven en heeft je leven geen enkele betekenis.

Alleen krijgen we steeds weer ingepeperd dat we ons beter zullen voelen als we afwijzing (zowel zelf afwijzen als afgewezen worden) uit de weg gaan. Toch geeft het vermijden van afwijzing alleen op de korte termijn een goed gevoel, en word je er op de lange termijn eerder stuur- en richtingloos van.

Wil je iets echt waarderen, dan zul je jezelf daar soms toch echt toe moeten beperken. Je kunt in je leven alleen een bepaalde mate van geluk en zingeving ervaren als je tientallen jaren hebt geïnvesteerd in één enkele relatie, één enkel vak en één enkele carrière. En decennialang in iets blijven investeren, lukt alleen als je alternatieven afwijst.

Kiezen voor bepaalde waarden in je leven, houdt in dat je andere waarden geen voorrang geeft. Als ik ervoor kies dat mijn huwelijk het allerbelangrijkste in mijn leven is, zullen met cocaine opgesierde orgiën met prostituees (waarschijnlijk) géén belangrijk deel van mijn leven uitmaken. Als ik ervoor kies om mezelf te beoordelen op basis van hoe open en tolerant mijn vriendschappen zijn, betekent dat dat ik mijn vrienden niet zwartmaak achter hun rug. Dat zijn stuk voor stuk verstandige keuzes, maar los daarvan vereist het elke keer wél dat je iets afwijst.

Wat ik hiermee bedoel te zeggen, is dat je toch een fuck om *iets* zult moeten geven, omdat je anders helemaal *niets* waardeert. En om iets te kunnen waarderen, moet je iets anders afwijzen. Als je x hoog in het vaandel hebt staan, moet je alles wat niet-x is links laten liggen.

Afwijzing maakt een inherent en noodzakelijk deel uit van wat je belangrijk vindt in het leven, en daardoor ook van je identiteit. Wat je verkiest af te wijzen, maakt je tot wie je bent. Als je niets afwijst (bijvoorbeeld uit angst om zelf te worden afgewezen) heb je in feite ook geen identiteit.

Dat verlangen om koste wat kost te voorkomen dat je wordt afgewezen, om confrontaties en conflicten te vermijden, het verlangen om te proberen alles in gelijke mate op je af te laten komen, de wens dat alles moet kloppen en in harmonie hoort te zijn, is een diepere, subtiele vorm van het idee hebben dat je ergens recht op hebt. Mensen die vinden dat anderen hun iets verschuldigd zijn omdat ze denken dat ze het verdienen om zich de hele tijd goed te voelen, gaan afwijzing uit de weg omdat zij of iemand anders zich daar rot door zouden kunnen voelen. En omdat ze weigeren iets af te wijzen, leiden ze een leven zonder kernwaarden, worden ze puur door plezier gedreven en zijn alleen maar met zichzelf bezig. Het enige waar ze een fuck om geven is de kick en de roes rekken, de onvermijdelijke mislukkingen van het leven ontlopen en de pijn negeren.

Afwijzing is een belangrijke en cruciale vaardigheid in het leven. Niemand wil vastzitten in een relatie waarvan hij niet gelukkig wordt. Niemand wil vastzitten in een baan waaraan hij een hekel heeft en waarin hij niet gelooft. Niemand wil het gevoel hebben dat hij niet kan zeggen wat hij ergens werkelijk van vindt.

Toch doen mensen al die dingen. De hele tijd.

Eerlijkheid is een natuurlijk menselijk verlangen. Maar een deel van die eerlijkheid betekent ook dat je niet in een stuip moet schieten als je het woord 'nee' hoort of zegt. Uiteindelijk maakt afwijzing relaties beter en je gevoelsleven gezonder.

Grenzen

Er waren eens een jongen en een meisje. Hun families hadden een hekel aan elkaar. De jongen was nogal een eikel en wist stiekem binnen te glippen op een feestje van de familie van het meisje. Zodra het meisje de jongen ziet, beginnen de engelen zo zoetgevooisd in haar broekje te zingen dat ze meteen tot over haar oren verliefd wordt. Zomaar helemaal vanzelf. Hij weet later stiekem haar tuin binnen te glippen, waarop ze besluiten dat ze de volgende dag – ja de volgende dag, verdomme! – willen trouwen omdat dat, ach ja, best wel praktisch is, vooral als je ouders elkaar toch al de kop in willen slaan. We spoelen even een paar dagen vooruit. De families komen erachter dat de twee zijn getrouwd en gaan door het lint. Mercutio legt het loodje. Het meisje is zo overstuur dat ze een drankje besluit op te drinken waardoor ze twee dagen zal slapen. Helaas heeft het jonge stel de ins en outs van goede communicatie binnen een huwelijk nog niet helemaal onder de knie, en het jonge meisje vergeet dan ook helemaal om het aan haar kersverse echtgenoot te melden. Omdat de jonge man niet weet dat het een zichzelf toegebracht coma is, denkt hij dat zijn jonge bruid zelfmoord heeft gepleegd. Hij draait compleet door en maakt zichzelf van kant, in de veronderstelling dat hij in het hiernamaals of zoiets met haar herenigd zal worden. Alleen ontwaakt zij na twee dagen uit haar coma en komt erachter dat haar man zelfmoord heeft gepleegd, waarop ze zijn voorbeeld volgt. *The end.*

Romeo en Julia staat in onze hedendaagse cultuur gelijk aan 'echte liefde'. In de Angelsaksische cultuur wordt het beschouwd als het ultieme liefdesverhaal, als een emotioneel ideaalbeeld. Maar als je even stilstaat bij wat er in het verhaal werkelijk gebeurt, besef je dat die twee totaal van de pot gerukt zijn. En als bewijs daarvan hebben ze zichzelf ook nog eens van kant gemaakt!

Veel wetenschappers denken dat Shakespeare *Romeo en Julia* niet schreef als ode aan de liefde, maar eerder als satire, om te laten zien hoe volkomen idioot het was. Hij bedoelde het toneelstuk niet als verheerlijking van de liefde, maar eerder het tegenovergestelde: als groot, knipperend waarschuwingsbord met een afzetlint van de politie eromheen met daarop de tekst PAS OP, NIET BETREDEN.

In het verleden speelde romantische liefde niet zo'n grote rol in de samenleving als dat tegenwoordig het geval is. Tot halverwege de negentiende eeuw werd liefde zelfs beschouwd als iets onnodigs, als een gevaarlijke psychologische belemmering voor de belangrijke zaken in het leven, zoals eh... tja, goed boeren en/of trouwen met een kerel die veel schapen had. Jonge mensen werden expres zo ver mogelijk weggehouden van hun passies omdat men liever een praktische, economisch gerichte huwelijksverbintenis sloot, die beide partijen en hun families stabiliteit zou opleveren.

Vandaag de dag krijgen we daarentegen een soort breinorgasme van totaal krankzinnig liefdesvertoon. Onze cultuur is ervan doordrenkt. En hoe dramatischer, hoe beter. Of het nu gaat om Ben Affleck die een asteroïde probeert te vernietigen omdat hij de aarde wil redden voor zijn geliefde; Mel Gibson die honderden Britten om zeep helpt en terwijl hij dood wordt gemarteld, fantaseert over zijn verkrachte en vermoorde vrouw; die elvenchick die in *Lord of the Rings* haar onsterfelijkheid opgeeft omdat ze bij Aragorn wil zijn; of een stompzinnige romantische komedie waarin Jimmy Fallon afstand doet van zijn kaartjes voor de Red Sox-finale omdat Drew Barrymore opeens iets 'een soort van nodig' heeft.

Als dat soort romantische liefde cocaïne was, zouden we als samenleving als geheel op Tony Montana uit *Scarface* lijken: alsof we ons gezicht in een fucking berg van dat witte poeder steken en '*Say hello to my lee-tle friend!*' schreeuwen.

Het lastige is dat we er langzaamaan achter komen dat romantische liefde inderdaad een beetje op cocaïne lijkt. Zeg maar angstaanjagend veel op cocaïne lijkt, zelfs. Het stimuleert namelijk zelfs exact dezelfde delen van je hersenen. Je wordt er zelfs high van en voelt je eventjes helemaal geweldig. Alleen roept het net zoveel problemen op als het oplost, precies zoals dat voor cocaïne geldt.

Bijna alle romantische elementen die we najagen – inclusief al het drama, het hoofd op hol brengende tonen van je liefde voor de ander, alle hoteldebotel ups en downs – zijn geen gezonde, authentieke uitingen van liefde. Nee, ze zijn eerder een andere vorm van het gevoel hebben dat je ergens recht op hebt, dat in dit geval in je relatie tot uiting komt.

Ik weet het, ik ben nogal een spelbreker. Tjezus, welke gozer gaat nou een beetje zitten afgeven op liefde en romantiek? Maar heb alsjeblieft nog even geduld met me.

Er bestaan namelijk gezonde en ongezonde vormen van liefde. Ongezonde liefde is als twee mensen hun problemen proberen te ontlopen door middel van hun gevoelens voor elkaar. Ze gebruiken elkaar met andere woorden om iets te kunnen ontvluchten. Gezonde liefde is als twee mensen hun eigen problemen erkennen en daar met de steun van de ander iets aan proberen te doen.

Het verschil tussen een gezonde en een ongezonde relatie komt op twee dingen neer: 1) hoe goed beide personen in de relatie hun verantwoordelijkheid nemen, en 2) de bereidheid van beide partijen om hun partner zowel af te wijzen als door diegene afgewezen te worden.

In het geval van een ongezonde, verziekte relatie is er aan beide kanten sprake van een gebrekkig en zwak verantwoordelijkheidsgevoel en zijn beide partners niet goed in afgewezen worden of de ander afwijzen. In het geval van een gezonde, liefdevolle relatie zijn er duidelijke grenzen tussen de twee individuen en wat ze belangrijk vinden, en indien nodig zijn ze in staat om af te wijzen en afgewezen te worden.

Als ik het in dit kader over 'grenzen' heb, dan heb ik het over een duidelijke afbakening van en de verantwoordelijkheid nemen voor je eigen problemen. Mensen met een gezonde relatie geven hun grenzen duidelijk aan en nemen de verantwoordelijkheid voor hun eigen kernwaarden en problemen. Mensen met een ongezonde relatie geven grenzen vaag en onduidelijk aan, en ze nemen maar al te vaak niet de verantwoordelijkheid voor hun eigen problemen en/of voelen zich verantwoordelijk voor de problemen van hun partner.

Hoe weet je of je je grenzen duidelijk aangeeft? Hierbij een paar voorbeelden:

> *'Je mag niet zonder mij iets afspreken met je vrienden. Je weet hoe jaloers ik dan word. Ik wil dat je thuisblijft bij mij.'*
>
> *'Mijn collega's zijn echt zulke idioten. Omdat ik ze moet vertellen hoe ze hun werk moeten doen, kom ik door hen altijd te laat op vergaderingen.'*
>
> *'Echt niet te geloven dat je me in het bijzijn van mijn eigen zus zo voor paal hebt gezet. Ik wil niet dat je me in haar aanwezigheid ooit nog zo laat vallen!'*
>
> *'Ik zou die baan in Milwaukee graag aannemen, maar mijn moeder zou het me nooit vergeven als ik zo ver weg ga wonen.'*
>
> *'Ik wil best een relatie met je, maar kun je het alsjeblieft verzwijgen voor Cindy? Ze wordt altijd zo onzeker als ik een vriendje heb en zij niet.'*

In elk van de bovenstaande scenario's neemt de spreker ofwel de verantwoordelijkheid op zich voor de problemen of emoties van de ander, of verwacht diegene dat iemand anders de verantwoordelijkheid neemt voor zijn problemen of emoties.

Over het algemeen trappen mensen die vinden dat anderen hun iets verschuldigd zijn in een relatie dikwijls in een van de volgende twee valkuilen: ofwel ze verwachten dat de ander de verantwoordelijkheid voor hun problemen op zich neemt: *'Ik had zin in een lekker ontspannen weekendje thuis. Jammer dat je dat niet doorhad en je plannen niet hebt afgezegd.'* Ofwel ze voelen zich té verantwoordelijk voor de problemen van de ander: *'Ze is weer ontslagen, maar dat is waarschijnlijk mijn schuld, want ik had haar best wat meer kunnen steunen. Ik zal haar morgen met haar cv helpen.'*

Mensen die vinden dat ze ergens recht op hebben, volgen in een relatie dat soort strategieën en doen dat ook bij alles omdat ze op die manier de verantwoordelijkheid voor hun eigen problemen kunnen afschuiven. Daardoor hebben ze breekbare neprelaties, en dat komt doordat ze vooral hun eigen pijn proberen te ontlopen, in plaats van hun partner echt te waarderen en lief te hebben.

Overigens gaat dit niet alleen op voor liefdesrelaties, maar ook voor familierelaties en vriendschappen. Zo kan een dominante moeder de verantwoordelijkheid op zich nemen voor alle problemen waar haar kinderen mee worstelen. Vervolgens geeft ze haar gevoel dat ze ergens recht op heeft aan haar kinderen door, die er dan later op hun beurt van uitgaan dat andere mensen de boontjes voor hen moeten doppen, want dat zijn ze immers zo gewend.

(Dat is de reden dat de problemen waar je bij je partner tegenaan loopt, bijna altijd griezelig veel lijken op de problemen waar je bij je ouders ook last van hebt of had.)

Als de verantwoordelijkheid voor je eigen emoties en handelen een wat schimmig gebied is – waarbij het onduidelijk is wie waarvoor verantwoordelijk is, wie waarvoor schuld draagt en waarom je je zus of zo gedraagt of reageert – zul je nooit sterke innerlijke waarden voor jezelf weten te ontwikkelen. Grote kans dat je het dan vooral belangrijk vindt dat je je partner gelukkig maakt. Of dat je partner jou gelukkig maakt.

Alleen werkt dat natuurlijk averechts. Relaties die in zulk modderig vaarwater terechtkomen, gaan vaak als de Hindenburg ten onder, met inbegrip van al het bijbehorende drama en gekrakeel.

Anderen kunnen jouw problemen namelijk niet voor je oplossen. En dat moeten ze niet eens willen proberen, want daar word jij niet gelukkig van. Net zomin als jij andermans problemen kunt oplossen, omdat zij daar evenmin gelukkig van worden. Een ongezonde relatie valt te herkennen aan twee mensen die elkaars problemen proberen op te lossen omdat ze daar een goed gevoel van krijgen. Een gezonde relatie valt te herkennen aan twee mensen die aan hun eigen problemen werken en zich daardoor goed voelen over elkaar.

Je grenzen aangeven betekent niet dat je niet voor je partner klaarstaat of hem of haar niet helpt, of dat je de hulp en steun van je partner weigert te accepteren. Nee, uiteraard dienen partners er voor elkaar te zijn. Maar alleen omdat jij ervoor kíést om er voor de ander te zijn en de steun van de ander wíl accepteren. Niet omdat je je daartoe verplicht voelt of denkt dat je daar recht op hebt.

Mensen die denken dat ze ergens recht op hebben en anderen de schuld geven van hun eigen gevoel en handelen, doen dat omdat ze ervan uitgaan dat als ze zichzelf steeds als slachtoffer opstellen er uiteindelijk wel iemand opduikt die hen redt, en dan krijgen ze de liefde waar ze altijd al zo naar hebben verlangd.

Mensen die denken dat ze ergens recht op hebben en de schuld op zich nemen voor het gevoel en handelen van anderen, doen dat omdat ze ervan uitgaan dat als ze hun partner 'oplappen' en hem of haar redden, zij dan de liefde en waardering krijgen waar ze altijd al zo naar hebben verlangd.

De yin en yang van elke verziekte relatie ziet er als volgt uit: je hebt het slachtoffer en de redder, de persoon die brandsticht omdat hij dan het gevoel heeft dat hij ertoe doet, en de persoon die de brand blust omdat hij dan het gevoel heeft dat hij ertoe doet.

Vaak voelen dit soort mensen zich sterk tot elkaar aangetrokken. Ze eindigen dikwijls samen, en dat komt doordat hun 'ziektebeelden' perfect op elkaar aansluiten. Vaak zijn ze opgevoed door ouders met een van diezelfde karaktertrekken. Hun idee van een 'gelukkige' relatie is gebaseerd op het uitgangspunt dat ze recht hebben op bepaalde zaken, en vaak kunnen ze slecht hun eigen grenzen aangeven.

Helaas lukt het ze alleen geen van beiden om in de behoeften van de ander te voorzien. Erger nog, het patroon waarbij ze de ander de schuld in de schoenen schuiven en de schuld te vaak op zich nemen, houdt hun eigen verrotte zelfbeeld in stand en hun houding dat ze ergens recht op hebben en de ander hun iets verschuldigd is. En dat is de hele reden waardoor ze om te beginnen al niet het gevoel hebben dat hun emotionele behoeften bevredigd worden. Het slachtoffer creëert steeds nieuwe problemen die moeten worden opgelost, en niet omdat er ook echt serieuze problemen op te lossen vallen, maar omdat hij daarmee de aandacht en genegenheid krijgt die hij o zo graag wil. De redder lost intussen steeds weer alle problemen op. En niet omdat hij die ook echt zo belangrijk vindt, maar omdat hij denkt dat hij de problemen van anderen moet oplossen, omdat dat aandacht en genegenheid oplevert. In beide gevallen is de achterliggende intentie egoïstisch en worden er voorwaarden gesteld. Daardoor saboteer je jezelf en krijg je bovendien meestal geen ware liefde.

Als het slachtoffer echt van de redder hield, zou diegene zeggen: 'Hé, dit is mijn probleem. Jij hoeft het echt niet voor me op te lossen. Maar het is wel fijn als je me steunt terwijl ik het zelf aanpak.' Dat zou een echte uiting van liefde zijn: de verantwoordelijkheid nemen voor je eigen problemen en je partner er niet voor verantwoordelijk houden.

Als de redder het slachtoffer echt wilde redden, zou diegene zeggen: 'Hé, je geeft anderen de schuld van je eigen problemen. Je moet het zelf oplossen.' En op een enigszins scheve manier is dat ook een echte uiting van liefde, want je helpt de ander op die manier met het oplossen van zijn problemen.

Zowel slachtoffers als redders gebruiken elkaar in plaats daarvan om een emotionele roes op te roepen; bijna alsof ze een verslaving bij elkaar in stand houden. Opmerkelijk genoeg gaan ze zich in een relatie met een emotioneel gezond iemand vaak vervelen, of hebben ze dan niet het gevoel dat er een 'klik' is. Ze laten emotioneel gezonde, stabiele individuen links liggen omdat de duidelijke grenzen die een stabiele partner aangeeft niet 'spannend' genoeg aanvoelen en niet de emotionele roes opleveren voor degene die vindt dat anderen hem iets verschuldigd zijn.

Voor slachtoffers is de verantwoordelijkheid nemen voor hun eigen problemen het allermoeilijkste wat er is. Ze hebben hun hele leven gedacht dat anderen hun lot bepalen, en de stap om zelf weer de verantwoordelijkheid op te eisen kan in het begin doodeng zijn.

Voor redders is ophouden met zich verantwoordelijk voelen voor andermans problemen het allermoeilijkste wat er is. Ze hebben hun hele leven al het gevoel dat ze alleen waardering en liefde krijgen als ze iemand anders 'redden'. Het is voor hen dan ook net zo angstaanjagend om die behoefte te leren loslaten.

Als je je opoffert voor iemand om wie je geeft, moet je dat alleen doen omdat je dat zelf wilt, niet omdat je je daartoe verplicht voelt of omdat je bang bent voor de gevolgen als je het niet doet. Als je partner zich voor jou opoffert, moet hij dat doen omdat hij dat echt wil, en niet omdat jij hem daartoe hebt gedwongen door boos te worden of hem een schuldgevoel aan te praten. Uitingen van liefde zijn alleen oprecht als er geen voorwaarden of verwachtingen aan gekoppeld zijn.

Soms is het voor mensen moeilijk om het verschil te zien tussen iets wat je uit een gevoel van verplichting doet, of echt vrijwillig. Hierbij een handige lakmoestest. Stel jezelf de vraag: 'Als ik dit zou weigeren, wat zou dat dan voor onze relatie betekenen?' En stel meteen ook de tegenovergestelde vraag: 'Als mijn partner weigert iets te doen wat ik graag wil, hoe zou dat onze relatie dan beïnvloeden?'

Als het antwoord luidt dat weigeren een enorm drama oplevert, inclusief gebroken serviesgoed, belooft dat niet veel goeds voor je relatie. Dat duidt erop dat de liefde voorwaardelijk is en gebaseerd is op de oppervlakkige voordelen die deze jullie beiden oplevert, in plaats van dat je elkaar onvoorwaardelijk neemt zoals je bent (en ja, dat betekent óók de problemen van de ander).

Mensen die goed zijn in het aangeven van grenzen, zijn niet bang voor woede-uitbarstingen, ruzies of om gekwetst te worden. Mensen die niet goed zijn in het aangeven van hun grenzen zijn daar juist doodsbang voor en zullen hun eigen gedrag voortdurend aanpassen aan de hoogte- en dieptepunten van de emotionele achtbaan waar hun relatie op neerkomt.

Mensen die hun grenzen goed kunnen aangeven, begrijpen dat het onredelijk zou zijn om te verwachten dat twee mensen zich de hele tijd aan elkaar aanpassen en in elke behoefte van de ander voorzien. Mensen die hun grenzen goed kunnen aangeven begrijpen dat ze iemands gevoelens soms zullen kwetsen, maar dat zij uiteindelijk niet verantwoordelijk zijn voor hoe een ander zich voelt. Mensen die hun grenzen goed kunnen aangeven begrijpen dat een gezonde relatie niets te maken heeft met het willen sturen van de gevoelens van de ander, maar dat het erom gaat dat beide partners elkaar steunen in hun persoonlijke groei en bij het aanpakken van hun eigen problemen.

Het gaat er niet om dat je een fuck geeft om alles waar je partner een fuck om geeft; het gaat om een fuck geven om je partner ongeacht de fucks die hij of zij geeft. Ja schat, dat is pas écht onvoorwaardelijke liefde.

Hoe bouw je vertrouwen op

Mijn vrouw is het type vrouw dat best vaak, best lang voor de spiegel staat. Ze vindt het fijn om er geweldig uit te zien en ik vind het fijn als ze er geweldig uitziet (logisch).

Op avonden dat we buiten de deur een afspraak hebben, komt ze uit de badkamer na een uur lang bezig te zijn geweest met haar make-up/haar/kleren/wat-vrouwen-daar-dan-ook-mogen-uitvoeren en vraagt me dan hoe ze eruitziet. Meestal ziet ze er prachtig uit. Maar heel soms ook niet. Soms heeft ze iets nieuws met haar haar geprobeerd of besloten een paar laarzen aan te trekken die volgens een of andere flamboyante modeontwerper uit Milaan erg avant-garde zijn. Wat de reden ook mag zijn – het totaalplaatje klopt dan gewoon niet.

Meestal wordt ze pislink als ik dat dan zeg. Dan loopt ze stampvoetend terug naar de kledingkast of de badkamer om de boel te herstellen, waardoor we vervolgens een halfuur te laat komen en intussen vallen er ook een paar vierletterwoorden, die zeker weten deels voor mij zijn bedoeld.

Veel mannen zouden in zo'n situatie liegen om hun vriendin of vrouw te plezieren. Ik doe dat niet. Waarom zou ik? Ik vind eerlijkheid in een relatie belangrijker dan dat je je altijd goed voelt. De laatste persoon bij wie ik aan zelfcensuur zou moeten doen, is wat mij betreft de vrouw van wie ik houd.

Gelukkig ben ik getrouwd met een vrouw die het daarmee eens is en mijn ongezouten mening wel aankan. Bovendien krijg ik het ook te horen als ik klinkklare onzin verkoop. Voor mij is dat een van de belangrijkste eigenschappen in een partner. Ja, tuurlijk dat mijn ego weleens een deuk oploopt en dat ik zeikerig reageer, me beklaag en mezelf probeer te verdedigen, maar meestal kom ik een paar uur later met hangende pootjes bij haar terug om te zeggen dat ze gelijk had. En verdomme, ik ben door haar echt een beter mens geworden, al haat ik het elke keer als ze weer eens kritiek op me heeft.

Als jij het heel erg belangrijk vindt om je (bijna) altijd goed te voelen of je partner altijd een goed gevoel wil geven, voelt uiteindelijk niemand zich goed. En je relatie loopt zonder dat je het doorhebt meestal ook nog eens op de klippen.

Zonder conflict is er ook geen vertrouwen. Conflicten zijn nodig om te weten van wie je onvoorwaardelijk op aan kunt en wie alleen maar een 'goed-weer-vriend' is. Jaknikkers worden door niemand vertrouwd. Als Panda Helaas hier nu was, zou hij je vertellen dat pijn in een relatie nodig is om de ander te leren vertrouwen.

Een gezonde relatie vereist dat beide partijen bereid en in staat zijn om 'nee' te zeggen én te horen. Zonder af en toe een afwijzing, zonder zo nu en dan een 'nee', brokkelen grenzen geleidelijk af en worden de problemen en waarden van de een te overheersend ten koste van de ander. Conflicten zijn niet alleen normaal, maar zelfs *absoluut noodzakelijk* voor het behoud van een gezonde relatie. Als twee mensen die heel hecht zijn hun verschillen niet openlijk kunnen bespreken, is de relatie gebaseerd op wederzijdse manipulatie en een onjuiste voorstelling van zaken. En zo'n relatie wordt langzaam maar zeker steeds verziekter.

Vertrouwen is in elke relatie het allerbelangrijkste ingrediënt, om de eenvoudige reden dat een relatie zonder vertrouwen in feite niets betekent. Iemand kan nóg zo vaak tegen je zeggen dat ze van je houdt en bij je wil zijn en alles voor je overheeft, maar als je haar niet vertrouwt, hebben dat soort mededelingen geen enkele betekenis. Je voelt je pas geliefd als je erop vertrouwt dat de liefde die iemand je toont onvoorwaardelijk is, zonder bijbehorende emotionele ballast.

Dat is waarom vreemdgaan zo verschrikkelijk is. Het gaat helemaal niet primair om de seks. Het gaat erom dat je iemands vertrouwen schaadt. En zonder vertrouwen werkt de relatie niet meer. Dus je zult het vertrouwen weer moeten zien op te bouwen, of afscheid moeten nemen van elkaar.

Ik krijg vaak mailtjes van mensen die door hun geliefde zijn bedrogen, maar bij diegene willen blijven. Ze vragen zich alleen af hoe ze hem of haar ooit nog kunnen vertrouwen. Ze vertellen me dat hun relatie zonder vertrouwen vooral als een last aanvoelt, als een bedreiging die ze continu in de gaten moeten houden, waarbij ze zich steeds van alles afvragen en niet meer in staat zijn zorgeloos te genieten.

Het lastige is dat de meeste mensen die betrapt worden op vreemdgaan hun verontschuldigingen aanbieden en vervolgens het hele riedeltje opdissen van 'het zal echt nooit meer gebeuren', en dat is het dan, alsof een penis geheel bij toeval zomaar in een bepaalde lichaamsopening terechtkwam. Vaak neemt de bedrogene daarmee genoegen en zet geen vraagtekens bij wat zijn partner wel of niet belangrijk vindt, de fucks die hij of zij wel of niet geeft (letterlijk en figuurlijk in dit geval). Ze vragen zich niet af of hun partner door zijn eigen waarden en de fucks die hij geeft nog steeds de juiste partner is. Ze zijn zo bezig met het redden van de relatie dat ze weigeren in te zien dat het een zwart gat is geworden dat al hun zelfrespect opzuigt.

Als iemand vreemdgaat, komt dat doordat hij iets anders belangrijker vindt dan zijn huidige relatie. Soms heeft het ook te maken met macht. Soms gaat het eigenlijk om waardering. Het kan ook te maken hebben met toegeven aan een impuls. Maar wát het ook is, wat overduidelijk is, is dat de waarden van degene die vreemdgaat niet stroken met het behoud van een gezonde relatie. Zolang degene die vreemdgaat dat niet erkent of ermee in het reine komt, komt het neer op het o zo bekende en afgezaagde 'ik weet echt niet wat me bezielde, ik was gestrest en dronken en tja, toen was zij daar opeens'. Met zo'n reactie geeft degene die overspel pleegde aan dat hij niet over het kritische zelfbewustzijn beschikt om welk relatieprobleem dan ook op te lossen.

Wat in dat geval nodig is, is dat degene die is vreemdgegaan zijn zelfbewustzijn-ui laagje voor laagje afpelt, verkent en uitvogelt welke kromme waarden ervoor hebben gezorgd dat hij het vertrouwen van de ander besloot te schenden (en bij zichzelf na te gaan of hij de relatie eigenlijk nog wel zo belangrijk vindt). Iemand moet kunnen zeggen: 'Weet je, ik ben egoïstisch bezig. Ik geef meer om mezelf dan om mijn relatie. Als ik heel eerlijk ben, vind ik deze relatie eigenlijk niet meer zo heel belangrijk.' Als een overspelpleger zijn flutwaarden niet kan verwoorden en niet kan erkennen dat die met voeten zijn getreden, is er geen enkele reden waarom je diegene nog zou vertrouwen. En als je de ander niet kunt vertrouwen, zal de relatie nooit verbeteren of veranderen.

Een andere belangrijke factor bij het herstellen van vertrouwen, is een heel praktische: iemands trackrecord. Als iemand je vertrouwen schendt, zijn woorden allemaal goed en wel, maar uiteindelijk zul je toch bewijzen willen zien dat iemands gedrag consequent ten goede verandert. Dan pas durf je er langzaam weer op te vertrouwen dat degene die is vreemdgegaan zijn innerlijke waarden weer goed op een rijtje heeft en ook echt veranderd is.

Helaas kost het tijd om weer een goede staat van dienst op te bouwen, en zeker weten heel wat meer tijd dan het kostte om het vertrouwen te schenden. 'Vertrouwen komt te voet en gaat te paard' is niet voor niets een uitdrukking. Die periode waarin het vertrouwen hersteld moet worden, kan behoorlijk klote zijn en het is slim als beide partijen ervan doordrongen zijn dat ze een behoorlijk zware tijd voor de boeg hebben.

Ik gebruik het voorbeeld van overspel, maar dit geldt in principe voor alle relatiebreuken. Als er geen vertrouwen meer is, kun je dat alleen herstellen door middel van een van de volgende twee stappen: 1) degene die het vertrouwen van de ander geschonden heeft, erkent de werkelijke redenen die tot de breuk hebben geleid en biecht die op, en 2) degene die het vertrouwen geschonden heeft, bouwt mettertijd een solide trackrecord van beter gedrag op. Zonder de eerste stap kun je een eventueel verzoeningsproces beter maar helemaal vergeten.

Vertrouwen is als een porseleinen bord. De eerste keer dat het breekt, kan het met de nodige zorg en aandacht meestal wel weer worden gelijmd. Breekt het nog een keer, dan valt het in kleinere stukjes kapot en duurt het veel langer om alles weer aan elkaar te lijmen. Als het vervolgens nog een paar keer breekt, zal het uiteindelijk in zoveel stukjes vallen dat het niet meer te maken valt. Dan zijn er te veel scherven en is er te veel gruis.

Vrijheid door commitment

Het consumentisme is erg goed in ervoor zorgen dat we altijd maar meer, meer, meer willen. De onderliggende boodschap van alle hypes en marketingcampagnes is dat 'meer' altijd beter is. Daar ben ik jarenlang zelf ook in getrapt. Meer geld verdienen, nog meer landen bezoeken, nog meer ervaringen opdoen, met nog meer vrouwen naar bed gaan.

Alleen is 'meer' echt niet altijd beter. Het tegenovergestelde is zelfs waar. Vaak worden we juist gelukkiger van minder. Als je uit ontelbaar veel opties en mogelijkheden kunt kiezen, krijg je last van iets wat psychologen de 'keuzeparadox' noemen. Oftewel: hoe meer opties je hebt, hoe minder tevreden je bent met je uiteindelijke keuze, omdat je je bewust bent van alle eventueel gemiste kansen.

Stel dat je uit twee verschillende plekken kunt kiezen om te gaan wonen en je pikt er een uit, dan zul je waarschijnlijk redelijk zeker zijn van je keuze en het gevoel hebben dat je de juiste keuze hebt gemaakt. Dan ben je tevreden over je besluit en hebt geen last gehad van keuzestress.

Maar stel dat je uit achtentwintig plaatsen kunt kiezen en er dan eentje kiest. Volgens het concept van de keuzeparadox kun je jezelf daarna soms nog jarenlang kwellen. Want je zult blijven twijfelen en je blijven afvragen of je echt wel de 'juiste' keuze hebt gemaakt en je geluk hebt gemaximaliseerd. Die spanning, dat verlangen naar zekerheid en naar het perfecte plaatje en succes, maken dat je je ongelukkig gaat voelen.

Dus wat doen mensen dan? Nou, als je op mijn vroegere ik lijkt, ga je het liefst elke keuze uit de weg. Je probeert zo lang mogelijk alle opties open te houden en wilt je nergens toe verplichten.

Hoewel investeren in één persoon, één plek, één baan en één

activiteit misschien betekent dat je minder ervaringen opdoet dan je zou willen, kun je door een enorme hoeveelheid ervaringen niet de diepte in gaan. Sommige ervaringen doen zich alleen voor wanneer je vijf jaar op een en dezelfde plek woont, langer dan tien jaar met iemand samen bent of langer dan de helft van je leven met een bepaald vak of ambacht bezig bent. Pas nu ik in de dertig ben, besef ik dat commitment op een geheel eigen manier een enorme rijkdom aan kansen en ervaringen oplevert die ik anders nooit zou hebben gehad, ongeacht alle plekken waar ik naartoe zou zijn gereisd of wat ik allemaal zou hebben ondernomen.

Als je een overstelpende hoeveelheid ervaringen najaagt, leidt elk nieuw avontuur, elk nieuw ding of iedere nieuwe persoon tot een afnemende meeropbrengst. Als je nog nooit in het buitenland bent geweest, kijk je als je voor het eerst in het buitenland bent opeens door een totaal andere bril naar je omgeving, juist omdat je zo'n beperkte basis van ervaringen hebt om uit te putten. Maar als je al in twintig landen bent geweest, voegt het eenentwintigste weinig toe. En als je al in vijftig landen bent geweest, voegt het eenenvijftigste nóg minder toe.

Datzelfde geldt voor materiële spullen, geld, hobby's, banen, vrienden en seks- of levenspartners – alle oppervlakkige zaken waar mensen voor kiezen en belang aan hechten. Hoe ouder je wordt, hoe meer ervaringen je opdoet, maar hoe minder elke nieuwe ervaring je raakt. De eerste keer dat ik op een feestje mocht drinken, was dat echt superspannend. De honderdste keer was gewoon leuk. De vijfhonderdste keer was niet meer dan 'ah, weekend'. De duizendste keer was ronduit saai en deed me niets.

Voor mij persoonlijk is het grote verhaal van de afgelopen paar jaar dat ik commitment heb durven aangaan. Ik heb ervoor gekozen om iedereen behalve de allerfijnste mensen en allerbeste ervaringen en waarden in mijn leven links te laten liggen. Ik heb al mijn zakelijke projecten opgedoekt en besloten dat ik me alleen nog maar wil richten op het voltijds schrijverschap. Mijn website is sindsdien populairder geworden dan ik ooit had kunnen bevroeden. Ik heb voor de lange termijn voor één vrouw gekozen, en tot mijn verrassing gemerkt dat dat veel meer oplevert dan al die scharrels, afspraakjes en onenightstands in het verleden. Ik heb mezelf beperkt tot één geografische locatie en een paar heel goede, gezonde, hechte vriendschappen die ik op één hand kan tellen.

Wat ik daardoor heb ontdekt, is iets wat ik nooit had verwacht: namelijk dat commitment zowel vrijheid als een gevoel van bevrijding oplevert. Ik heb gemerkt dat er zich alleen maar meer kansen voordoen, en dat het allerlei voordelen oplevert zodra ik kies voor de zaken die er voor mij écht toe doen en alternatieven en afleiding links laat liggen.

Commitment geeft je een gevoel van vrijheid omdat je je niet meer laat afleiden door onbelangrijke, onnozele zaken. Commitment geeft je een gevoel van vrijheid omdat je aandacht en focus er veel scherper door worden, waardoor je dingen waar je gezond en gelukkig van wordt efficiënter aanpakt. Door commitment wordt beslissen gemakkelijker, en het verlost je van het gevoel dat je iets mist, omdat je beseft dat wat je hebt al voldoende en goed genoeg is, dus waarom je zou dan gaan stressen om nog meer te proberen te krijgen? Commitment zorgt ervoor dat je je intensief op een paar heel belangrijke doelen kunt richten, waardoor je meer succes boekt dan anders het geval zou zijn.

Op die manier levert het afwijzen van alternatieven een gevoel van bevrijding op – want je wijst zaken af die niet stroken met je belangrijkste innerlijke waarden en de door jou gekozen criteria. En je weigert nog langer mee te doen aan het najagen van zo breed in plaats van zo diep mogelijk. Ja, oké, wanneer je jong bent is het opdoen van zo veel mogelijk ervaringen vaak nodig en verstandig, want dan is het goed om de wereld te verkennen en uit te vogelen waar je je energie in wilt steken. Maar goud zit altijd diep onder de grond, hè. Wil je het vinden, dan zul je je met andere woorden moeten committeren en diep moeten graven. Dat geldt voor relaties, carrières en het opbouwen van een goede levensstijl – verdieping is altijd de beste aanpak.

HOOFDSTUK 9

... en dan ga je dood

'Ga op zoek naar de waarheid, dan zie ik je daar wel.'

Dat waren Josh' laatste woorden aan mij. Hij bedoelde het ironisch en wilde zogenaamd diepzinnig klinken, terwijl hij tegelijkertijd de draak stak met mensen die dat proberen. Hij was dronken en high. Maar hij was bovenal een heel erg goede vriend van me.

Ik was negentien toen mijn leven ingrijpend en blijvend veranderde. Josh had me uitgenodigd om mee te gaan naar een feestje even ten noorden van Dallas, Texas. Het werd gehouden op een heuvel waar wat appartementen stonden, met een zwembad onder aan de helling, en daar weer vlak achter een klif met uitzicht over een meer. Het was geen al te hoog klif, misschien iets van tien meter, maar wel zó hoog dat je er echt niet meteen zou afspringen en ook weer niet zó hoog dat je het met de juiste combinatie van alcohol en groepsdruk op een gegeven moment niet toch zou overwegen.

Josh en ik gingen al snel nadat we op het feestje waren aangekomen naar het zwembad met een biertje en kletsten op de manier waarop jonge mannen met levensangst dat plegen te doen. Met andere woorden: we hadden het over drank, bands, meisjes en alle coole dingen die Josh die zomer had gedaan nadat hij met zijn muziekopleiding was gekapt. We maakten plannetjes dat we misschien wel samen in een band konden gaan en naar New York konden verhuizen – iets wat destijds een volkomen onbereikbare droom was.

We waren nog jong, hè.

'Zou je daar van af kunnen springen?' vroeg ik na een tijdje, en ik knikte in de richting van het klif.

'Ja, hoor,' antwoordde Josh. 'Dat doen mensen hier de hele tijd.'

'Zou jij dat durven?'

Hij haalde zijn schouders op. 'Misschien. Wie weet.'

Josh en ik raakten elkaar later die avond kwijt. Ik was afgeleid door een mooi Aziatisch meisje dat van gamen hield, wat voor mij destijds – ik was een hopeloze nerd én een fanatieke gamer – zo'n beetje vergelijkbaar was met het winnen van de loterij. Ze had geen interesse in me, maar was wel aardig en vond het prima dat ik tegen haar aan kletste, en dat deed ik dus ook. Na een paar biertjes durfde ik haar zelfs te vragen of ze zin had om binnen wat te eten te halen. Ook dat vond ze prima.

Op weg naar boven liepen we Josh tegen het lijf. Ik vroeg hem of hij niet ook wat wilde, maar hij zei dat hij geen trek had. Toen ik hem vroeg waar ik hem later kon vinden, antwoordde hij met een glimlach: 'Ga op zoek naar de waarheid, dan zie ik je daar wel!'

Ik zette een serieuze blik op en knikte. 'Oké, dan zie ik je daar straks inderdaad wel,' zei ik, alsof iedereen wist waar de waarheid zich bevond en hoe je daar kwam.

Josh liep lachend de heuvel af naar het klif. Ik liep lachend door naar het huis.

Ik weet niet meer hoe lang ik binnen was. Ik weet alleen nog dat toen het meisje en ik samen weer naar buiten gingen, iedereen weg was en dat er sirenes klonken. Het zwembad was verlaten. Ik zag een paar mensen naar de rand van het meer onder aan het klif rennen. Beneden bij het water bleken al heel veel mensen te staan. Ik zag ook een paar mannen in het meer zwemmen. De muziek blèrde nog gewoon uit de luidsprekers, maar niemand die het hoorde.

Het kwartje viel nog niet, maar ik liep met mijn broodje wel snel naar het meer omdat ik nieuwsgierig was waarom iedereen daar stond te kijken. Toen we halverwege de heuvel waren, zei het knappe Aziatische meisje opeens: 'Volgens mij is er iets vreselijks gebeurd.'

Onder aan de heuvel gekomen, vroeg ik iemand waar Josh was. Niemand keek om of leek überhaupt door te hebben dat ik daar stond. Iedereen staarde naar het water. Ik vroeg het nog een keer, waarop een meisje keihard in snikken uitbarstte.

En toen viel het kwartje.

Het kostte de duikers drie uur om Josh' lichaam op de bodem van het meer te vinden. De sectie wees uit dat hij kramp in zijn benen had gekregen door een vochttekort vanwege de drank en door de impact van de hoge sprong. Het was donker toen hij van het klif sprong en het zwarte water viel niet te onderscheiden van de zwarte hemel. Niemand kon zien waar zijn geschreeuw om hulp vandaan kwam. Ze hoorden alleen het gespetter. Alleen de geluiden. Zijn ouders hebben me later verteld dat hij een bar slechte zwemmer was; dat was volkomen nieuw voor me.

Het duurde twaalf uur voordat ik mezelf toestond om te huilen. De volgende ochtend zat ik in de auto op weg terug naar Austin toen ik mijn vader belde om te zeggen dat ik nu pas uit Dallas was vertrokken en dus niet op tijd op mijn werk zou zijn. (Ik werkte die zomer voor hem.) 'Hoezo, wat is er gebeurd? Gaat het?' vroeg hij. En toen brak ik. Alles kwam eruit: gejank, geschreeuw en heel veel snot. Ik zette de auto aan de kant van de weg, klampte me vast aan de telefoon en huilde zoals een klein jochie alleen bij zijn vader kan huilen.

Ik raakte die zomer in een diepe depressie. Hoewel ik dacht dat ik daarvoor ook weleens depressief was geweest, was dit een geheel nieuw niveau van uitzichtloosheid. Het verdriet zat zó diep dat het echt fysiek pijn deed. Mensen kwamen bij me langs en probeerden me op te beuren, en dan luisterde ik braaf naar alle goede dingen die ze zeiden en alle goede dingen die ze deden. Uiteindelijk bedankte ik ze en zei dat het heel aardig was dat ze waren langsgekomen, plakte een nepglimlach op mijn gezicht en zei dat het echt al wat beter met me ging, terwijl ik me vanbinnen totaal leeg voelde.

Ik heb nog maandenlang over Josh gedroomd. In die dromen voerden we uitgebreide gesprekken over leven en dood, maar ook over allerlei willekeurige dingetjes. Tot op dat moment was ik een vrij doorsnee blowende puber uit een middenklassengezin geweest: lui, onverantwoordelijk en erg onzeker. Josh was in veel opzichten iemand tegen wie ik opkeek. Hij was ouder, zelfverzekerder, meer ervaren, stond meer open voor de buitenwereld en liet dingen gewoon op zich afkomen. In een van die dromen zaten we samen in een hottub (jaja, ik weet het, een béétje vreemd…) en ik zei iets van: 'Ik vind het zo erg dat je dood bent.' Josh begon te lachen. Ik weet niet meer precies wat hij antwoordde, maar het was zoiets als: 'Waarom vind je het erg

dat ik dood ben, terwijl je zelf doodsbang bent voor het leven?'
Ik weet nog dat ik huilend wakker werd.

Zo zat ik die zomer een keer op de bank bij mijn moeder in het spreekwoordelijke zwarte gat te staren naar de onmetelijke, onbegrijpelijke nietsheid die voor Josh' vriendschap in de plaats was gekomen, toen ik tot het schokkende inzicht kwam dat als er echt geen enkele reden is om iets te doen, er ook geen enkele reden is om níéts te doen. Als de dood onvermijdelijk is, is er ook geen enkele reden waarom je zou moeten toegeven aan angst, gêne of schaamte, omdat het allemaal uiteindelijk toch één grote nietszeggende klotezooi is. Ik had opeens door dat ik het grootste deel van mijn korte leven bezig was geweest met alles vermijden wat me een ongemakkelijk gevoel gaf en pijnlijk was, en daardoor in feite het leven zelf had vermeden.

Ik besloot die zomer te stoppen met de wiet, de sigaretten en de videogames. Ik liet mijn idiote rocksterfantasieën varen, kapte met mijn muziekopleiding en schreef me in bij de universiteit. Ik nam een abonnement op de sportschool en verloor flink wat kilo's. Ik kreeg nieuwe vrienden. Ik kreeg zelfs mijn allereerste vriendinnetje. Voor het eerst van mijn leven deed ik mijn schoolwerk en kwam er daardoor tot mijn grote verrassing achter dat ik, als ik mijn best deed, zowaar goede cijfers haalde. De zomer erna daagde ik mezelf uit om vijftig dagen lang elke dag een non-fictieboek te lezen, wat me vervolgens ook lukte. Het jaar erop kon ik zelfs overstappen naar een topuniversiteit aan de andere kant van het land, waar ik voor het eerst van mijn leven zowel academisch als sociaal uitblonk.

Josh' dood was een heel duidelijk keerpunt in mijn leven: vóór die rampzalige gebeurtenis was ik geremd, had geen ambities, en was geobsedeerd en liet me beperken door wat ik dacht dat anderen van me vonden. Na de tragedie werd ik een heel ander mens: een nieuwsgierig en ijverig iemand met verantwoordelijkheidsgevoel. Ik voelde me natuurlijk nog steeds wel onzeker en kampte met de nodige emotionele ballast – zoals dat voor iedereen geldt – maar ik gaf nu opeens een fuck om dingen die veel belangrijker waren dan al die onzekerheden en psychische bagage. En dat maakte een heel groot verschil. Raar genoeg zorgde de dood van iemand anders ervoor dat ik eindelijk besefte dat ik mocht gaan leven. Wat misschien wel het absolute dieptepunt van mijn leven was, was tegelijk de ervaring waardoor alles ingrijpend ten goede veranderde.

De dood blijft iets heel engs. En omdat die zo eng is, willen we er liever niet aan denken, niet over praten en soms ontkennen we die zelfs, ook als het om iemand in onze naaste omgeving gaat.

Op een wat bizarre, tegenstrijdige manier is de dood het licht waaraan de schaduw van alle betekenis in het leven wordt afgemeten. Zonder de dood zou alles onbeduidend aanvoelen, zouden alle ervaringen nietszeggend zijn en alle maatstaven en kernwaarden niets te betekenen hebben.

Iets wat onszelf overstijgt

Ernest Becker was een academisch buitenbeentje. Hij promoveerde in 1960 in de antropologie en vergeleek in zijn proefschrift de ongewone en ongebruikelijke praktijken van het zenboeddhisme met de psychoanalyse. In die tijd werd zen gezien als iets voor hippies en drugsverslaafden, en de freudiaanse psychoanalyse werd beschouwd als een psychologiemethode van charlatans die uit het stenen tijdperk stamde.

Becker kwam bij zijn eerste baan als wetenschappelijk medewerker terecht in een clubje van mensen die psychiatrie een vorm van fascisme vonden. Psychiaters waren volgens hen onwetenschappelijk bezig en vooral uit op het onderdrukken van zwakke en hulpeloze lieden.

Het lastige was dat Beckers leidinggevende een psychiater was. Dus het was alsof je bij je eerste baan je baas meteen trots met Hitler gaat vergelijken...

Niet geheel verwonderlijk werd hij dan ook ontslagen.

Becker besloot dat zijn radicale ideeën elders misschien in betere aarde zouden vallen en vertrok naar Berkeley, Californië. Alleen bleek zijn carrière ook daar geen lang leven beschoren.

Becker had namelijk niet alleen de neiging om zich tegen de gevestigde orde af te zetten, maar hield er ook wat merkwaardige lesmethoden op na. Zo gebruikte hij Shakespeare bij colleges over psychologie, psychologieleerboeken om studenten zaken over antropologie bij te brengen, en antropologie voor de colleges sociologie. Hij verkleedde zich als King Lear, speelde zwaardgevechten na in de collegezaal en stak lange politieke tirades af die weinig met de lesstof te maken hadden. De studenten waren dol op hem. Zijn collega's hadden een hekel aan hem. En zo stond hij binnen een jaar dus weer op straat.

Becker klopte vervolgens aan bij de San Francisco State University, waar hij zelfs langer dan een jaar bleef. Het was alleen ook de tijd van heftige studentenprotesten tegen de oorlog in Vietnam en op een gegeven moment werd de Nationale Garde ingeroepen. De zaken liepen uit de hand en toen Becker zich aan de kant van de studenten schaarde en het besluit van de rector publiekelijk veroordeelde (ja, weer iets over zijn baas die wel iets weg had van Hitler en nog wat van dat soort opmerkingen) werd hij wederom op staande voet ontslagen.

Becker veranderde in zes jaar tijd viermaal van baan. Vlak voordat hij bij zijn vijfde aanstelling de laan uit werd gestuurd, kreeg hij te horen dat hij darmkanker had. De prognose was niet best. Hij was de daaropvolgende jaren aan bed gekluisterd en het zag er niet naar uit dat hij het zou redden. Becker besloot een boek te schrijven. En dat boek zou gaan over de dood.

Becker stierf in 1974. Zijn boek *De ontkenning van de dood* zou worden onderscheiden met de Pulitzer Prize en een van de invloedrijkste intellectuele werken van de twintigste eeuw worden. Beckers verstrekkende filosofische beweringen die vandaag de dag nog steeds invloedrijk zijn, zorgden voor veel ophef in zowel psychologische als antropologische kringen.

De ontkenning van de dood komt in feite neer op de volgende twee punten:

1. Mensen zijn uniek in de zin dat we de enige dieren zijn die ideeën kunnen vormen en op een abstracte manier over onszelf kunnen nadenken. Honden gaan zich echt geen zorgen maken over hun carrière. Katten denken niet na over fouten uit het verleden en vragen zich ook niet af wat er zou zijn gebeurd als ze zus of zo anders hadden aangepakt. Apen maken geen ruzie over toekomstmogelijkheden, net zomin als vissen zich al rondzwemmend afvragen of andere vissen hen aardiger zouden vinden als hun vinnen ietsje langer waren.

   Mensen beschikken over het unieke vermogen dat we ons hypothetische situaties kunnen voorstellen, dat we kunnen stilstaan bij zowel het verleden als de toekomst en ons andere werkelijkheden of situaties kunnen inbeelden waarbij de zaken er heel anders zouden voorstaan. Volgens Becker komt het door dit unieke verstandelijke vermogen dat iedereen zich op een zeker moment ook bewust wordt van het feit dat we op een dag zullen sterven. Omdat we ons een idee kunnen vormen van alternatieve versies van de werkelijkheid,

zijn we ook de enige dieren die zich een werkelijkheid kunnen inbeelden waarvan we zelf geen deel uitmaken.
Becker stelt dat dit besef leidt tot doodsangst, een diepe, existentiële angst die bij álles wat we denken of doen onbewust aanwezig is.

2. Beckers tweede punt begint met de premisse dat we in feite twee zelven hebben. De eerste 'ik' is het fysieke zelf: degene die eet, slaapt, snurkt en poept. De tweede 'ik' is het conceptuele zelf: je identiteit, hoe je jezelf ziet.
Becker betoogt daarbij het volgende. Op een bepaald niveau zijn we ons allemaal bewust van het feit dat ons fysieke zelf ooit zal sterven en dat de dood onvermijdelijk is. Die onvermijdelijkheid maakt ons op een onbewust niveau doodsbang. Ter compensatie van die vrees voor het onvermijdelijke verlies van het fysieke zelf, proberen we vervolgens een conceptueel zelf te construeren dat het eeuwige leven heeft. Daarom willen sommige mensen zo graag dat hun naam op een gebouw of het kaft van een boek prijkt, of een standbeeld van zichzelf. Daarom zijn we geneigd zoveel tijd te besteden aan het helpen van anderen, vooral kinderen, in de hoop dat onze invloed – ons conceptuele zelf – langer blijft voortbestaan dan ons fysieke zelf. Dat we met andere woorden zullen worden herinnerd, bewonderd en aanbeden lang nadat ons fysieke zelf ophoudt te bestaan.
Becker noemde dit soort inspanningen 'onsterfelijkheidsprojecten', projecten die ons conceptuele zelf in staat stellen lang na onze fysieke dood te blijven voortleven. Volgens hem is de hele menselijke beschaving in feite voortgekomen uit onsterfelijkheidsprojecten. Denk daarbij aan steden, regeringen, structuren en gezagsinstanties, die vandaag de dag nog steeds bestaan en voor de mannen en vrouwen die ons

voorgingen stuk voor stuk onsterfelijkheidsprojecten waren. Dat zijn de overblijfselen van hun onsterfelijke conceptuele zelven. Van namen als Jezus, Mohammed, Napoleon en Shakespeare gaat vandaag de dag evenveel invloed uit als toen ze nog leefden, misschien zelfs nog wel meer. En daar draait het ook om, want of het nu gaat om het onder de knie krijgen van een bepaalde kunstvorm, om een nieuw land veroveren, enorme rijkdom vergaren of gewoon een grote en liefdevolle familie nalaten die nog generaties zal voortleven, *alle betekenis in het leven komt voort uit ons aangeboren verlangen om nooit écht dood te gaan.*

Religie, politiek, sport, kunst en technologische innovaties zijn de tastbare resultaten van onze onsterfelijkheidsprojecten. Volgens Becker zijn oorlogen, revoluties en massamoorden het gevolg van het feit dat de onsterfelijkheidsprojecten van de ene groep conflicteren met die van een andere. Zo zijn onderdrukking en de voortijdige dood van miljoenen mensen eeuwenlang verdedigd als een manier om de onsterfelijkheidsprojecten van de ene groep tegenover die van een andere te verdedigen.

Als een onsterfelijkheidsproject mislukt, als de betekenis erachter wegvalt, als het vooruitzicht dat ons conceptuele zelf ons fysieke overleeft niet langer mogelijk noch waarschijnlijk lijkt, duikt onze doodsangst weer op in de vorm van afschuwelijk deprimerende angstgevoelens. Dat kan bijvoorbeeld veroorzaakt worden door een trauma, door schaamte of als we belachelijk worden gemaakt. Maar ook, zoals Becker benadrukt, door een psychische stoornis.

Mocht het je nog niet duidelijk zijn: onsterfelijkheidsprojecten komen in feite neer op onze innerlijke waarden. Het zijn de barometers die betekenis en waarde aan ons leven geven. En als je kernwaarden het laten afweten, geldt dat psychologisch gesproken eveneens voor jou als persoon. Wat Becker in feite betoogt, is dat we allemaal door angst worden gedreven dat we véél te veel fucks geven om bepaalde zaken, omdat ergens een fuck om geven het enige is waardoor de harde werkelijkheid en de onvermijdelijkheid van je eigen dood even naar de achtergrond verdwijnen. Als je echt overal schijt aan hebt, bereik je een quasispirituele gemoedstoestand waardoor je de tijdelijkheid van je eigen bestaan kunt omarmen. In die gemoedstoestand is de kans veel kleiner dat je jezelf laat opslokken door diverse vormen van denken dat je ergens recht op hebt en dat anderen je iets verschuldigd zijn.

Becker kwam op zijn sterfbed achter een onthutsend inzicht, namelijk dat de onsterfelijkheidsprojecten van mensen juist het probleem in plaats van de oplossing vormen. In plaats van te proberen om hun conceptuele zelf, desnoods via dodelijk geweld, aan de wereld op te leggen, zouden mensen beter hun conceptuele zelf ter discussie kunnen stellen en wat minder bang moeten zijn voor de dood. Becker worstelde met zijn eigen naderende ondergang en noemde dit 'het bittere tegengif'. Sterven is erg, maar ook onvermijdelijk. Daarom zouden we het niet moeten proberen te ontlopen, maar er zo goed mogelijk mee moeten leren leven. Omdat als je eenmaal vrede hebt met het feit dat je op een dag dood zult gaan – de angst der angsten, de onderliggende vrees waar alle onbeduidende ambities in het leven uit voortkomen – je vrijer bent in welke kernwaarden je kiest, omdat je je dan niet laat beperken door de onlogische zoektocht naar onsterfelijkheid en jezelf bevrijdt van gevaarlijke dogmatische standpunten.

De zonnige kant van de dood

Ik stap van steen naar steen en klim langzaam maar zeker verder omhoog. Mijn beenspieren doen nu al pijn van al het rekken en strekken. En zo kom ik in deze tranceachtige gemoedstoestand die door de langzame, repetitieve fysieke inspanning wordt opgeroepen steeds dichter bij de top. De hemel wordt wijder en dieper. Ik ben inmiddels helemaal in mijn uppie. Mijn vrienden zijn ver beneden me foto's van de zee aan het maken.

Na een laatste, kleinere steen ligt het weidse uitzicht opeens recht voor me. Vanwaar ik nu sta, zie ik alleen nog de oneindige horizon. Het voelt alsof ik naar de rand van de aarde sta te kijken, daar waar het blauwe water de blauwe hemel raakt. De wind giert langs mijn huid. Ik kijk omhoog. Het is fel. Het is schitterend.

Ik sta op de Kaap de Goede Hoop in Zuid-Afrika, de plek waarvan ooit werd gedacht dat het het zuidelijkste puntje van Afrika en het zuidelijkste van de wereld was. Het is een onstuimige plek, waar het vaak stormt en de oceaan bijzonder verraderlijk is. Een plek waar al eeuwenlang handel wordt gedreven en menselijke activiteiten hebben plaatsgevonden. Ironisch genoeg is het ook een plek van verloren hoop.

In het Portugees bestaat de uitdrukking '*ele dobra o Cabo da Boa Esperança*', wat letterlijk 'hij komt langs de Kaap de Goede Hoop' betekent, maar ironisch genoeg staat voor iemand die aan de laatste fase van zijn leven begint en niet meer in staat is tot welke prestatie ook.

Ik stap over de stenen in de richting van het enorme blauw en laat de indrukwekkende weidsheid mijn gezichtsveld overspoelen. Ik zweet, maar heb het tegelijkertijd koud. Ik ben opgewonden maar tegelijkertijd nerveus. *Is dit het nou?*

De wind raast in mijn oren. Ik hoor niets, maar zie wel de rand: daar waar de stenen de vergetelheid raken. Ik stop en blijf een paar meter van de rand staan. Beneden zie ik de oceaan die zich aan beide kanten van de rotsen kilometers ver uitstrekt, met schuimende golven die tegen de kliffen beuken. De getijdestromen gaan als een razende tekeer tegen de ondoordringbare muren. Recht voor me bevindt zich een steile afgrond van minstens vijftig meter diep.

Beneden, rechts van me, staan allemaal toeristen, die met hun fotocamera's in de aanslag steeds nieuwe mierachtige formaties vormen. Links van me bevindt zich Azië. Recht voor me bevindt zich de hemel, en achter me alles waar ik ooit van heb gedroomd en hiermee naartoe heb genomen.

Stel dat dit het is? Stel nou dat dit het enige is?

Ik kijk om me heen. Er is verder niemand. Ik zet een eerste stapje dichter naar de rand van het klif toe.

Het menselijk lichaam lijkt te zijn uitgerust met een natuurlijke radar voor situaties die de dood tot gevolg hebben. Kom je binnen drie meter van de rand van een afgrond waar geen hekje voor staat, dan staat je lichaam onmiddellijk op scherp. Je rug verkrampt. Je krijgt kippenvel. Je ogen worden hypergefocust op elk detail in je omgeving. Je voeten voelen opeens aan alsof ze van lood zijn en een grote, onzichtbare magneet zijn geworden, die je lichaam voorzichtig naar een veilige plek terugtrekt.

Maar ik bied weerstand tegen de magneet en sleep de loodzware voeten dichter naar de rand toe.

Op anderhalve meter van de rand besluit je hoofd zich erbij te voegen. Je ziet nu niet alleen de klifrand, maar ook de afgrond zelf, wat allerlei ongewenste beelden oproept. Zoals dat je zou kunnen struikelen en vallen, en dan stuiterend en wel een heel erg spletsjerige dood tegemoetgaat. Het is echt verrekte ver, zegt je verstand. Verdomme, echt héél erg ver! *Hé kerel, wat doe je nou? Blijf staan. Sta eens stil!*

Ik maan mijn verstand dat het zijn bek moet houden en blijf centimeter voor centimeter vooruitschuifelen.

Op een meter afstand van de rand schakelt je lichaam op totale alarmmodus over. Je bent nog maar één losse-schoenveterstruikel verwijderd van het einde van je leven. Het voelt alsof één stevige windvlaag je al in de door blauw doorkruiste eeuwigheid kan doen belanden. Je benen trillen. Je handen ook. Zelfs je stem, mocht je jezelf eraan willen herinneren dat je op het punt staat te pletter te vallen.

Die laatste meter tot de rand is voor de meeste mensen de absolute grens. Het is net ver genoeg om voorover te buigen en een glimp op te vangen van de grond beneden, maar ook net ver genoeg om het gevoel te hebben dat je nog niet écht het risico loopt dat je jezelf van kant gaat maken. Als je zo dicht bij de rand van een klif staat, al is het zo'n prachtige en betoverende als Kaap de Goede Hoop, dan word je bevangen door een duizelig gevoel van hoogtevrees en komt je laatste maaltijd bijna weer omhoog.

Is dit het nou? Is dit het enige wat er is? Weet ik alles wat ik ooit zal weten al?

Ik zet nog een microstapje naar voren. En nóg eentje. Nog vijftig centimeter. Mijn voorste been begint als een gek te trillen zodra ik mijn gewicht erop zet. Ik schuifel naar voren. Vechtend tegen de magneet. Tegen mijn verstand. Tegen al mijn overlevingsinstincten.

Nog dertig centimeter. Ik kan nu recht naar beneden kijken. Ik voel een plotselinge opwelling om te gaan huilen. Mijn lichaam besluit instinctief dat ik op mijn hurken moet gaan zitten, als bescherming tegen iets ingebeelds en onverklaarbaars.

De wind bestaat uit hagelvlagen. De gedachten bestaan uit opeenvolgende rechtse hoeken.

Op dertig centimeter afstand voelt het alsof je zweeft. Als je niet recht naar beneden kijkt, voelt het alsof je deel uitmaakt van de hemel. Op dat moment verwacht je eigenlijk al min of meer dat je zult vallen.

Ik blijf daar eventjes op mijn hurken zitten, probeer rustiger te gaan ademen en mijn gedachten op orde te krijgen. Ik dwing mezelf omlaag te kijken naar het water dat beneden me tegen de rotsen beukt. En dan kijk ik weer naar rechts, naar de krioelende mensenmieren die daarbeneden bij alle borden rondlopen, foto's maken en achter tourbussen aan rennen. Zou iemand me hier toevallig zien? Dat verlangen om te worden opgemerkt, is totaal onlogisch. Hoewel dat nu voor wel meer geldt. Maar ze kunnen me hier natuurlijk helemaal niet zien. En al zou dat wel kunnen, die mensen daar in de verte zouden toch niets kunnen zeggen of doen.

Ik hoor alleen nog maar de wind.

Is dit het dan?

Mijn lichaam trilt, de angst heeft iets euforisch en verblindends. Ik dwing mezelf te focussen en probeer door een soort meditatie weer iets helderder te worden. Nog maar een paar centimeter verwijderd zijn van je eigen dood is de ultieme manier om mindful in het hier en nu te zijn. Ik ga wat rechterop zitten, kijk voor me uit en merk dat er een glimlach op mijn gezicht verschijnt. Ik prent mezelf in dat doodgaan niet erg is.

Je eigen sterfelijkheid zo vrijwillig, zelfs gewillig aangaan, is een oeroud gegeven. De stoïcijnen in het oude Griekenland en Rome drukten mensen op het hart dat je te allen tijde de dood in je achterhoofd moest houden, omdat je daardoor het leven meer waardeerde en ondanks tegenslag deemoedig bleef. In diverse varianten van het boeddhisme wordt meditatie gebruikt als een manier om je tijdens dit leven op de dood voor te bereiden. Je ego loslaten in het grote niets – de verlichte staat van nirwana bereiken – wordt als een generale repetitie voor de overstap naar de andere kant gezien. Zelfs Mark Twain zei het al, die behaarde rare snuiter die tegelijkertijd met de komeet Halley kwam en ging: 'Angst voor de dood komt voort uit angst voor het leven. Iemand die vol in het leven staat, is er ook klaar voor om elk moment te sterven.'

Intussen besluit ik op die Zuid-Afrikaanse rotspunt om door mijn knieën te gaan. Lichtjes achteroverleunend plaats ik mijn handen achter me op de grond en laat mezelf voorzichtig op mijn billen zakken. Vervolgens strek ik langzaam een van mijn onderbenen en steek die over de rand. Vlak eronder blijkt een kleine steen uit de rotswand te steken waar ik mijn voet op kan laten rusten. Daarna steek ik mijn andere voet langzaam over de rand en plaats ook die op de uitstekende steen. En zo blijf ik daar een tijdje zitten, met mijn benen over de rand, achteroverleunend op mijn handpalmen, met de wind in mijn haren. Zolang ik me maar blijf focussen op de horizon is de angst draaglijk.

Vervolgens ga ik ietsje rechtop zitten en kijk omlaag, recht in de afgrond. De angst giert onmiddellijk weer via mijn ruggengraat omhoog. Mijn ledematen lijken onder stroom te staan en mijn geest richt zich met een vlijmscherpe focus op de exacte positie van elke centimeter van mijn lichaam. De angst is bij vlagen volkomen verstikkend. Maar elke keer dat ik dreig te stikken, maak ik mijn hoofd leeg, concentreer me op het water beneden, dwing mezelf te turen naar mijn potentiële ondergang en het bestaan ervan onder ogen te zien.

En daar zit ik dan op de rand van de wereld, op het zuidelijkste puntje van hoop, vlak voor de poort naar het oosten. Het is zowel een opwekkende als een stimulerende sensatie. De adrenaline giert door mijn lijf. Zo verstild zitten, zo hyperbewust van alles, heeft nog nooit zo opwindend gevoeld. Ik luister naar de wind, kijk naar de oceaan en richt mijn ogen op de uiteinden van de aarde – en dan begin ik door het licht te lachen, alles wat erdoor wordt aangeraakt, is goed.

De confrontatie aangaan met je eigen sterfelijkheid is belangrijk omdat alle stompzinnige, kwetsbare en oppervlakkige waarden in het leven daardoor teniet worden gedaan. Terwijl de meeste mensen hun dagen slijten met het najagen van wat meer centen op de bank, iets meer roem en aandacht, meer bevestiging van hun gelijk of de bevestiging dat iemand van hen houdt, confronteert de dood ieder van ons met een veel pijnlijker en belangrijker vraag: wat laat je na?

Als je er straks niet meer bent, in welke zin is de wereld dan veranderd of verbeterd? Wat is jouw bijdrage geweest? Welke stempel heb je erop gedrukt? Wat is er door jouw toedoen gebeurd? Het schijnt dat als een vlinder in Afrika met zijn vleugels klappert, dat in Florida een orkaan kan veroorzaken. Welke orkaan volgt er straks door jouw voetstappen?

Zoals Becker al benadrukte, is dit ongetwijfeld de enige en allerbelangrijkste vraag in het leven. Toch vermijden we het om daarover na te denken. Ten eerste omdat het moeilijk is. Ten tweede omdat het eng is. Ten derde omdat we geen flauw benul hebben wat we hier aan het doen zijn.

Doordat we die vraag voor ons uit schuiven, laten we onze hersenen gijzelen door allerlei triviale en hatelijke waarden die onze verlangens en idealen gaan beheersen. Zonder de altijd aanwezige starende blik van de dood te erkennen, zal alles wat oppervlakkig is, belangrijk lijken en alles wat belangrijk is, oppervlakkig lijken. De dood is het enige waar je zeker van kunt zijn. En daarom zou die als een kompas moeten dienen waarop we alle andere waarden en besluiten afstemmen. De dood is het juiste antwoord op alle vragen die we zouden moeten stellen, maar nooit verwoorden. De enige manier waardoor je je minder ongemakkelijk zult voelen over de dood, is jezelf zien als iets wat groter is dan jij, je laten leiden door waarden die je eigenbelang overstijgen en die eenvoudig, inherent, beheersbaar en tolerant zijn ten opzichte van de chaotische buitenwereld. Dat is de basis van geluk. Luister maar naar Aristoteles, naar psychologen van Harvard, naar Jezus Christus of zelfs naar de verrekte Beatles! Ze zeggen allemaal hetzelfde: geluk komt voort uit geven om iets wat jezelf overstijgt, uit geloven dat je deel uitmaakt van en iets bijdraagt aan een veel groter geheel, en dat je leven slechts een bijverschijnsel is in een grootse en niet te bevatten productie. Dat is de reden dat mensen naar de kerk gaan, meevechten in een oorlog, kinderen krijgen, sparen voor hun pensioen, bruggen bouwen of de mobiele telefoon uitvinden: voor dat vluchtige gevoel dat je deel uitmaakt van iets groters en iets wat zo ongrijpbaar is dat het niet te bevatten is.

Alleen staat het idee dat je ergens recht op hebt, dit alles in de weg. De zwaartekracht van het 'ik heb recht op'-gevoel zuigt al je aandacht als het ware naar binnen, waardoor je puur op jezelf gericht raakt en het gevoel hebt dat jij en jouw problemen het centrum van het universum vormen, dat al het onrecht vooral op jouw bordje terechtkomt en dat jij het goede en geweldige meer verdient dan anderen.

Hoe verleidelijk het ook is om daarin te vervallen, je raakt geïsoleerd door dit gevoel van recht hebben op. Je nieuwsgierige, opgewonden blik naar de buitenwereld keert zich naar binnen en weerspiegelt alleen nog maar je eigen vooroordelen, en alle dingen die je projecteert op de mensen die je ontmoet en de ervaringen die je meemaakt. Dat is verleidelijk en opwindend en kan best een tijdje heel prettig aanvoelen, en je kunt er zelfs een hoop kaartjes mee verkopen, maar spiritueel gezien is het vergif.

Toch hebben we tegenwoordig collectief last van die dynamiek. Materieel gezien hebben de meeste mensen het heel goed, maar op psychisch vlak worstelen we op allerlei lage, oppervlakkige manieren. Mensen schuiven verantwoordelijkheid af en eisen dat de samenleving oog heeft voor hun gevoelens en gevoeligheden. Veel mensen houden vast aan willekeurige zekerheden en proberen die aan anderen op te leggen, vaak zelfs met geweld, uit naam van een of ander zelfbedacht rechtschapen doel. Mensen die bijna high zijn van een vals superioriteitsgevoel, vervallen in laksheid en lethargie omdat ze uit angst om te falen niets zinvols durven te ondernemen.

Het verwennen van de moderne ziel heeft een bevolking opgeleverd die vindt dat ze recht heeft op van alles, zonder dat ze er moeite voor hoeft te doen, een bevolking die vindt dat ze recht heeft op van alles, zonder dat er offers hoeven worden gebracht. Mensen doen zich voor als experts, ondernemers, uitvinders, vernieuwers, buitenbeentjes en coaches zonder dat ze over enige echte levenservaring beschikken. En dat doen ze niet zozeer omdat ze denken dat ze er echt beter in zijn dan anderen. Nee, ze doen het omdat ze denken dat ze *geweldig moeten zijn*, omdat ze anders niet worden geaccepteerd in deze wereld waarin we vooral aandacht hebben voor het buitengewone en uitzonderlijke.

In onze huidige cultuur wordt geen onderscheid meer gemaakt tussen veel aandacht en veel succes. Mensen denken dat het op hetzelfde neerkomt, maar dat is niet zo.

Toch ben jij nu al geweldig. Ja echt, nu al. Los van of je dat nu wel of niet doorhebt. Los van of anderen dat nu wel of niet doorhebben. En dat is niet omdat je bijvoorbeeld een app voor de iPhone hebt gemaakt, je middelbare school sneller hebt afgemaakt dan anderen of een te gekke speedboot hebt gekocht. Nee, dat soort zaken hebben niets te maken met of je wel of niet een geweldig mens bent.

Nee, de reden dat je al geweldig bent, is omdat je ten overstaan van alle chaos en verwarring en een wisse dood, blijft kiezen om welke zaken je wel en niet een fuck geeft. Alleen al dat simpele feit, dat eenvoudige opteren voor de kernwaarden die jij wilt naleven, maakt je tot een mooi en succesvol mens, en daardoor houden anderen van je. Al heb je dat misschien zelf niet door. Al lig je ergens met een lege maag in de goot te verkleumen.

Ook jij zult op een dag sterven, en dat komt omdat jij ook gezegend bent dat je hebt mogen leven. Zo voelt het misschien niet. Maar ga maar eens aan de rand van een klif staan – misschien dat je het dan wel zult beseffen.

Bukowski schreef ooit: 'We gaan allemaal dood. Iedereen. Wat een gedoe! Alleen al daarom zouden we van elkaar moeten houden, maar dat is niet zo. We worden geterroriseerd en lamgeslagen door allerlei banale zaken in het leven; we worden verteerd door niets.'

Ik weet nog dat ik op die avond bij het meer, toen ik lijdzaam moest toekijken hoe het lichaam van mijn vriend door ambulancebroeders uit het water werd gevist, op een zeker moment naar de donkere Texaanse hemelnacht staarde en mijn ego daar langzaam in zag oplossen. Ik heb van Josh' dood heel veel meer geleerd dan ik aanvankelijk besefte. Het hielp me om meer volgens het principe van 'pluk de dag' te leven, om de verantwoordelijkheid op te eisen voor mijn keuzes, en met minder schaamte en terughoudendheid mijn dromen na te jagen.

Maar dat waren allemaal neveneffecten van een diepere, veel elementairdere les, namelijk: je hoeft nergens bang voor te zijn. Nooit. Dat ik mezelf door de jaren heen af en toe aan mijn eigen sterfelijkheid heb herinnerd – door te mediteren, door filosofische werken te lezen of door een idiote actie zoals daar in Zuid-Afrika op het randje van een hoog klif te gaan staan – is voor mij de enige manier geweest om daar sterk van doordrongen te raken. Dat je écht nergens bang voor hoeft te zijn. Door mijn eigen dood onder ogen te zien en me daarbij neer te leggen, en door te beseffen dat het leven heel kwetsbaar is, zijn allerlei zaken zoveel gemakkelijker geworden. Ik heb mijn verslavingen weten te doorbreken, mijn eigen gevoel en het bijbehorende gedrag dat ik ergens recht op had leren herkennen en er iets aan gedaan, de verantwoordelijkheid voor mijn eigen problemen leren opeisen, leren omgaan met mijn angsten en onzekerheden, mislukkingen leren accepteren en afwijzingen leren omarmen. Door het besef dat ik op een dag zal sterven, zijn al die zaken 'lichter' geworden en heb ik ze leren relativeren. Hoe intenser ik in de duisternis tuur, hoe lichter het leven, hoe verstilder de wereld om me heen, hoe minder ik onbewust weerstand voel tegen... tja, eigenlijk tegen alles.

Ik blijf daar een paar minuten op de Kaap zitten en neem alles in me op. Nadat ik uiteindelijk besluit weer op te staan, zet ik mijn handen achter me neer op de grond en schuif naar achteren toe. Dan pas kom ik langzaam overeind. Ik kijk even goed op de grond om me heen, om zeker te weten dat er geen verdwaalde steen ligt die me kan saboteren. Als ik eenmaal heb vastgesteld dat het veilig is, begin ik aan de terugtocht naar de werkelijkheid – anderhalve meter, drie meter – en bij elke stap herstelt mijn lichaam zich. Mijn voeten voelen lichter aan. Ik laat de magneet van het leven weer vat op me krijgen.

Zodra ik over de laatste paar stenen ben gestapt en weer op het hoofdpad sta, kijk ik op en zie daar een man die naar me staat te staren. Ik blijf staan en kijk hem recht aan.

'Eh... Ik zag je daar net op het randje zitten,' zegt hij. Hij klinkt Australisch. Het woord 'daar' komt er wat ongemakkelijk uit en hij wijst tegelijk in de richting van Antarctica.

'Ja. Prachtig uitzicht, hè?' Ik glimlach. Hij glimlacht niet terug en blijft me doodernstig aankijken.

Ik veeg mijn handen af aan mijn korte broek. Mijn lichaam tintelt nog na van het gevoel van overgave.

Er valt een wat pijnlijke stilte. De Australiër blijft me verbluft aankijken en weet duidelijk niet wat hij moet zeggen. Na een korte pauze formuleert hij zijn woorden zorgvuldig en vraagt: 'Gaat het? Hoe voel je je?'

Ik antwoord niet meteen, maar heb nog steeds een glimlach op mijn gezicht. 'Levend. Ik voel me heel erg levend.'

Dat doorbreekt zijn scepsis en ook hij krijgt nu een glimlach op zijn gezicht. Hij knikt nog even kort naar me en loopt daarna door. Ik blijf op het pad staan, hoog boven alles, en neem het uitzicht in me op, wachtend tot mijn vrienden de piek ook hebben bereikt.

DANKWOORD

Dit boek begon als één grote onoverzichtelijke klotezooi en het vergde meer dan alleen mijn handen om er iets begrijpelijks van te kneden.

Allereerst dank aan Fernanda, mijn knappe en briljante vrouw, die nooit bang is om 'nee' te zeggen juist als ik dat heel goed kan gebruiken. Door jou word ik niet alleen een beter mens, maar je onvoorwaardelijke liefde en voortdurende feedback waren tijdens het schrijfproces onmisbaar.

Aan mijn ouders, omdat jullie al die jaren met mijn idiote fratsen zaten opgezadeld en toch van me bleven houden. Ik heb het idee dat ik pas echt volwassen ben geworden toen ik allerlei concepten uit dit boek zelf ook onder de knie had, en het is fijn dat ik jullie de afgelopen paar jaar als volwassene heb leren kennen. Aan mijn broer: ik twijfel nooit aan het feit dat we van elkaar houden en elkaar respecteren, al voel ik me soms wel op mijn pik getrapt als je niet reageert op een berichtje van me.

Aan Philip Kemper en Drew Birnie: twee superbreinen die er samen voor zorgen dat mijn brein veel groter lijkt dan het is. Ik sta steeds weer versteld van jullie inzet en intelligentie.

Aan Michael Covell, omdat je mijn intellectuele stresstest bent, helemaal als het aankomt op mijn begrip van psychologisch onderzoek, en omdat je mijn aannames altijd uitdaagt.

Aan mijn redacteur, Luke Dempsey, omdat je mijn tekst meedogenloos hebt gefileerd en misschien wel een nog grotere vuilbek bent dan ik. Aan mijn agent, Mollie Glick, die me heeft geholpen helder te krijgen wat ik met dit boek uiteindelijk wilde uitdragen en omdat het zijn vleugels in de wereld veel verder heeft kunnen uitslaan dan ik ooit had kunnen bevroeden. Aan Taylor Pearson, Dan Andrews en Jodi Ettenburg, omdat jullie me tijdens het hele proces enorm hebben gesteund. Jullie drieën hebben ervoor gezorgd dat ik steeds verantwoording aflegde voor mijn keuzes én dat ik niet doordraaide. En uiteindelijk zijn dat de enige twee zaken die iedere schrijver nodig heeft.

En als laatste dank aan de miljoenen mensen die, om welke reden ook, besloten dat ze best een blog wilden lezen over het leven van een of andere grofgebekte klootzak uit Boston. De stapels mail die ik kreeg van degenen die het aandurfden om hun intiemste zielenroerselen te delen met een volslagen onbekende, met mij dus, zorgen ervoor dat ik bescheiden en geïnspireerd blijf. Ik heb in mijn leven inmiddels enkele duizenden uren besteed aan het lezen en bestuderen van deze onderwerpen, maar uiteindelijk zijn jullie mijn echte leermeesters. Dank jullie wel daarvoor.